# 季老在爱中永生

## ——羡林师言传身教实录

宣德五 张明惠 著

人民东方出版传媒
東方出版社

季羡林先生在工作。他说："我也决不会忘掉自己的祖国，只要我能为她做到的事情，我一定竭尽全力去做。只有这样，我心里才能获得宁静，才能获得安慰。"（选自王树英：《非凡人生：季羡林先生》，新世界出版社 2005 年版，第 119 页）

季羡林先生在书房中于紧张工作之余稍事休息。书桌上摆放着他八十五岁寿辰时我们敬赠的孔雀木雕。

2000 年德国驻华公使代表哥廷根大学授予季羡林先生 “金质奖章”。（选自王树英：《非凡人生：季羡林先生》，新世界出版社 2005 年版，第 16 页）

印度文学院在授予季羡林先生名誉院士的决定中写道："印度文学院名誉院士是我们授予外国学者和作家的最高荣誉。我们非常荣幸地将这一荣誉授予季羡林教授。"印度文学院院长罗摩坎达·赖特先生（RAMKANTA RATH）于 1999 年 7 月 5 日在授予季羡林先生名誉院士仪式上的讲话中说："季羡林教授一贯致力于维护文化的真正价值。我们对他表示无比的尊敬。事实上，是他给了我们这样一个机会来表达对他的敬意，我们荣幸地授予他印度文学院名誉院士的称号，以感谢他为中印两国人民间的友谊所做出的贡献。我们衷心地祝愿这种友谊不断发展，彼此间的了解更加广泛。"（选自王树英：《非凡人生：季羡林先生》，新世界出版社 2005 年版，第 85 页）

季羡林先生八十五岁寿辰时在其弟子白化文、王邦维等敬赠的贺联前摄影留念。贺联的内容为：“鲁殿灵光在，梵天寿量高”。

季羡林先生米寿时在海淀镇经营古玩书画的二酋堂赠送的观音立像前摄影留念。季先生喜爱收藏书画珍品，与二酋堂有过交往，并曾为其题写过店堂门匾。

季羡林先生九十华诞时在外国友人赠送的花篮与其半身塑像前摄影留念。

季羡林先生在朗润园寓所的会客室坐在沙发上观赏花卉盆景。

季羡林先生十分珍爱范曾先生为他所画的肖像画，特将此画悬挂在客厅最醒目的地方。图为季先生将宠物波斯猫咪咪置于膝头，坐在肖像画前的沙发上摄影留念。

季羡林先生带着宠物咪咪在寓所楼门前摄影留念。

季羡林先生在紧张工作之余，经常到季荷池边散步休憩。

季羡林先生喜爱观赏不同季节季荷池所特有的景色。图为他在赏景后在池边摄影留念。

季羡林先生患病后入住解放军总医院301南楼高干病房。

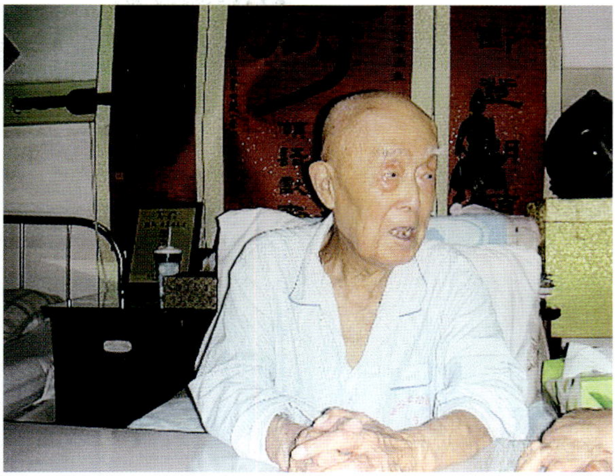

季羡林先生在病房中与来探视的客人开怀畅谈。

季羡林先生在病房中也经常静坐思考问题。在他看来，如果非要让他讲出一个长寿秘诀的话，那就是“千万不要让脑筋懒惰，脑筋要永远不停地思考问题”。他是这么说的，也是这么做的。

季羡林先生在病房中为新出版的著作签名赠书。

季羡林先生在病房中为《出版史料》杂志亲笔题词（2005 年 7 月）。

# 目　录

# 前　言

恩师季羡林先生离开我们八年多了。这些年来，先生的音容笑貌，时常在我们的眼前萦绕，先生对我们的教诲，也经常在我们的耳际回响。一有空闲，我们便翻开和先生合影的影集，以及先生亲笔题签赠给我们的传世著作，边看边追思着自 1951 年春至 2009 年夏的悠悠岁月里我们和先生相处的情景。在即将迎来先生驾鹤西归九周年之际，我们总想为先生做点什么，于是便撰写了一篇纪念文字，并精选了百余幅照片，配上说明，付梓出版，以敬献在先生灵前。先生逝世后，先生的故交、先生的弟子已撰写了不少纪念文章，这些文章，有的追忆了先生崇高的精神风貌，描绘了先生令人仰止的人格魅力；有的对先生登上了巅峰的辉煌的学术业绩作出了中肯的评述。我们不敢掠美，只是从我们与先生接触近六十年来生活的角度，谈谈我们亲身的感受，把先生对我们的言传身教，作一番实录，呈献给读者，以寄托哀思，并慰先生在天之灵。

行文中凡用第一人称“我”字者均指张明惠；书中的图片，一部分是为正文中提及的人和事提供更为具体生动的形象资料，一部分则是文中虽未涉及或谈得比较粗疏，而对季先生来说都是非常重要的人和事的资料和补充说明。这些图片，除注明选自何处和晓鸿拍摄外，均为我们自己拍摄，特此向读者说明。

# 季羡林先生生平简介

我们的恩师季羡林先生，1911 年 8 月 6 日出生，山东临清市康庄镇人氏。1917 年至 1929 年在济南读小学和中学，1930 年考入清华大学西洋文学系。1935 年考取清华大学赴德研究生，同年 9 月，赴德国哥廷根大学留学，主修印度学，先后师从瓦尔德施米特教授、西克教授，刻苦学习梵文、巴利文、吐火罗文等，确立了毕生的学术方向。1941 年，以优异成绩在哥廷根大学毕业，获哲学博士学位，先后在《哥廷根科学院院刊》发表多篇重要学术论文，奠定了其在印度古代语言研究领域的地位。1945 年 10 月，他离开德国经瑞士回到祖国。1946 年经陈寅恪先生推荐，受聘为北京大学教授，创建东方语言文学系，并一直担任系主任至 1983 年（“文化大革命”期间除外），开创了我国真正现代意义上的东方学研究。1950 年加入中国民主同盟。1956 年加入中国共产党。同年他担任了中国科学院哲学社会科学学部委员，后又任北大亚非所所长，1978 年任北京大学副校长兼中国社会科学院和北大合办的南亚研究所所长。1993 年当选为中国民主同盟中央文化委员会副主任。他是第二、三、四、五届全国政协委员，第六届全国人大常委。曾先后担任中国语言学会会长、中国南亚学会会长、中国外国文学学会会长、中国民族古文字学会名誉会长、中国外语教学学会会长、中国高等教育学会副会长、中国敦煌吐鲁番学会会长等学术职务。2009 年 7 月 11 日早上 9 时，先生因心脏病突发，猝然去世，享年 98 岁。先生生前曾获得国内外多种奖项，如：德国哥廷根大学授予他“金质奖章”，印度瓦拉纳西大学授予他最高荣誉奖“褒扬奖”，《大唐西域记校注》、《罗摩衍那》获中国第一届国家图书奖，前者并获得陆文星——韩素音中印友谊奖，东南亚华侨作家在 301 医院授予先生“亚洲优秀作家奖”，《赋得永久的悔》获鲁迅文学奖、中国翻译协会授予的“翻译文化终身成就奖”，等等。先生的一生是非凡的、光辉的一生，他的业绩辉煌灿烂，堪称学界的一代宗师，他不愧为一个优秀的中国共产党员。

# 羡林师的言传身教

# 专业的选择

1951年春，一批重庆的大学生被保送到北京大学东语系学习。适逢“抗美援朝，保家卫国”运动高潮，我一心想的是学习朝鲜语，到朝鲜前线当战地记者。系主任季羡林先生十分关怀我们这批入学的新生，亲自指导我们选择专业。原来我想象季羡林先生是留学德国十年的“洋博士”，衣着肯定是西服革履的，出乎意料，他竟然是身着卡其布中山装，脚蹬圆口布鞋，待人和蔼可亲，平易近人。季主任首先说，专业选定后，不能随意改动，所以大家事先要考虑好，既要考虑个人的兴趣爱好和个人条件，又要考虑国家的需

1951年春，一批重庆的大学生被保送到北京大学东语系学习。到系里报到后，便开始选择专业。朱静宜（二排右二）、张光珮（一排左一）等选了日语专业，我（二排左三）选了朝鲜语专业，易坤秀（二排左二）、雷选春（一排右一）和陈宗振（二排左一）原来也要报朝鲜语专业，系主任季羡林先生说："报日语、朝鲜语的人太多了，少数民族语言也很重要，你们报维吾尔语吧。"事隔五十多年后，易坤秀同志回忆说："我学维吾尔语是季先生决定的，至今记忆犹新。"

要，而后者是更重要的。报日语专业的很多，我毫不犹豫地报了朝鲜语。季先生最后说，报日语、朝鲜语的人太多了，少数民族语言也很重要，动员大家报维吾尔语专业。

# 免修一门政治课

数十年来，季先生对学生关怀备至，有关这方面的事例不胜枚举，这里仅介绍一下季先生批准我免修一门政治课的经历。

我从南方来到北方，对气候很不适应，御寒衣服也准备不足。1951 年春天刚到北大，五一节前便得了严重的风湿性关节炎，非常疼痛，行走困难。到北京某大医院去求医，那位医生说，你的腿必须开刀，但不能保证手术能成功，也可能留下残疾，吓得我直哭。当时我的家已不复存在，无家可归，每月就靠五元调干助学金生活，看病用去一半，剩下两元五角要交团费，买卫生纸、牙膏、牙刷、邮票等生活用品，手中的钱，所剩无几，如果我不跟班学习的话，就只有流落街头了。后来有人建议我换个医院，我便去了苏联红十字医院（后改为友谊医院），一位苏联专家十分亲切地安慰我说，“姑娘，你别害怕，你的腿不用开刀，我可以给你治，减轻你的痛苦。”我利用课余时间去门诊，整整吃了一年多药，腿上的红斑完全消失，基本不疼了。按规定我们要到延边朝鲜族自治州去实习，没法继续治疗。可是那位苏联专家让助手写信问我情况怎样，劝我回京后最好继续治疗。为了治腿，我必然要耽误一些课程。在我焦急万分、不知所措的时候，季先生断然拍板，让我免修一门政治课——联共(布)党史，专业课照样跟班学习。事隔多年后，我才得知，在“红专大辩论”中，说季先生让我免修一门政治课是“走白专道路”的做法，为此挨了批评。

# 捐赠藏书库藏品和季荷池畔的教诲

朗润园位于北大校园东北角，园中的一些公寓建于1962年。季先生乔迁到朗润园13公寓一层，西侧是会客室、卧室、工作室等，东头是书库。我们拜访季先生时，他有一次专门带我们参观了他的藏书库，整个屋子排列着书架，每排书架的间隔只能容一人斜身通过，靠窗口放着一张小书桌，以便随时摘录查找到的资料。季先生告诉我们，书库藏有不少善本、珍本、孤本书，中外文都有，还收藏有历代名画珍品。季先生说，他在北大工作了几十年，全国高等学校中首屈一指的北大图书馆是他查找资料进行研究的重要据点，待他百年之后，他将把所有图书和藏品捐赠给北大，以供后来人使用。2001 年 7 月季先生正式跟学校签订了捐赠协议书，并举行了签字仪式（见《北大人》2012 年第 4 期，总第 47 期第 36 页的照片），实现了他的诺言。

季先生的楼门前是一个荷花池塘，沿岸是一片高低不平、形状各异的山石堆，对岸是垂柳依依，绿树成荫。池塘当时已经荒芜，看不到荷花绿叶。季先生看到这空荡荡的池塘，总觉得缺了什么，甚感遗憾。后来有人从湖北带来了几颗洪湖的莲子，季先生遂用铁锤把坚硬的莲子砸开一条缝，让莲芽能破壳而出，于是随手把五六颗敲破的莲子投入池塘。不料四年后，满塘荷叶莲莲，覆盖了整个池面，叶片上露珠晶莹滚滚，绿叶丛中荷花亭亭玉立，满塘清香扑鼻，景色宜人，令人心醉。季先生说，我这是无心插柳柳成行。有个懂行的人说，这片池塘的荷花与燕园其他池中的荷花都不一样，晚几年才搬到朗润园来的周一良先生特把此命名为“季荷”。台湾知名人士范光麟先生曾在季荷池边诙谐地给季先生吟诵了一首饶有风趣的诗：“塘边看藕莲，午夜抱书眠，虚名满天下，袋中常无钱。”我们去季先生家拜访时，常在季荷池边摄影留念，也时常坐在石头上畅谈人生价值，聆听先生的教诲。有一次辞别先生时，先生不让我们走大道，而是让我们从他楼房西边小土山出去。我们发现，走过小土山，便是一片连绵起伏的土坡，

约公元前 4 世纪后期，出身于一个饲养孔雀家庭的旃陀罗笈多，在印度西北地区称王，以后又向东发展，于公元前 324 年推翻当时印度最大的王国难陀王朝，建立起新王朝，以其家族名称命名为孔雀王朝（约公元前 324—前 187 年），自此古印度进入帝国时代。季羡林先生是研究古印度语言和印度学的，考虑到这一点，在先生八十五岁寿辰时，我们特意到海淀镇专营古玩书画的二酉堂买来孔雀木雕敬赠给先生，先生十分高兴，手捧着孔雀木雕要我们和他一起合影留念。这以后先生一直把这座孔雀木雕放在他的小书房的书桌上，足见他还是十分喜爱这座木雕的。

季羡林先生曾为海淀镇古玩书画店二酉堂题写店堂门匾，先生米寿（88 岁）时，二酉堂特送给先生一座观音立像。我们前往季羡林先生寓所羡斋拜寿时，他很高兴地让我们与他一起在观音立像前合影。

我们去季羡林先生寓所羡斋拜谒季老，欢晤一两个小时，我们怕耽搁他太多的宝贵时间，便要告辞。而季先生有时总把我们带到季荷池畔，观赏不同季节荷塘的不同景色，并要我们摄影留念。图为初夏时节的季荷池，一片绿意盎然，季先生和我们一起在池畔留影。

盛夏时节，一片绿色丛中，绽放的荷花和含苞待放的蓓蕾亭亭玉立。图为季羡林先生与宣德五合影。

图为盛夏时节季羡林先生和张明惠在荷花盛开的季荷池畔合影。

秋意渐浓时节，季羡林先生和我们一起在季荷池畔摄影留念。

深秋时节的季荷池，别有一番景色。季羡林先生和我们一起在一片金黄色的荷塘边留影。

土坡上布满小树丛，树丛间开遍了紫白相间的二月兰小花，紫色的藤萝缠绕树梢，真是别有一番野趣。季先生告诉我们，穿过这片土坡和树木，同样能走到西校门内的石桥边，殊途同归。我们边走边联想到，季先生这是要我们不必常恋着走康庄大道，有时独辟蹊径，会达到新的境界，取得同样的效果。

# 喜获《季羡林藏书票》

过去我没有搜集过藏书票，更不懂它的艺术价值。去年拜读了两篇导读性的文章。一是北京大学出版社编审江溶先生的《中国作风，中国气派——新时期大型纪念藏书票巡礼》，一是中国藏书票研究会会长梁栋先生的《藏书票艺术》。之后，我才初步懂得了藏书票的珍贵艺术价值和启迪激励人们上进的丰富文化内涵，并对藏书票产生了浓厚的兴趣。恰在此时，从报上得知书店有售北京大学出版社刚出版的《季羡林藏书票》一书，我恨不得马上去买，先睹为快。可惜我正患风湿，无法如愿，只好寻思着托哪位热心人帮忙

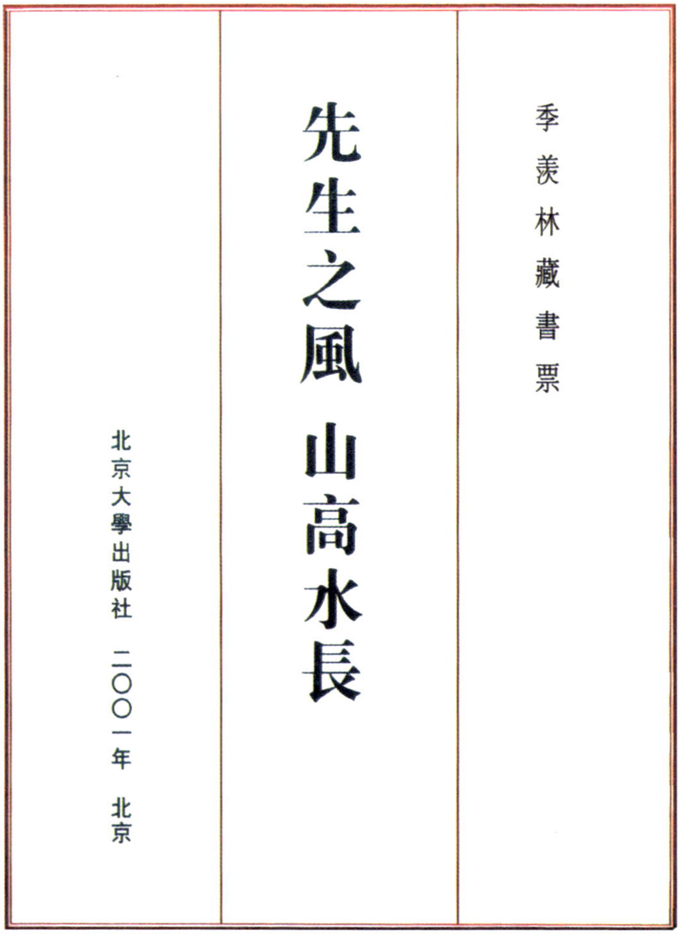
季羡林藏書票

先生之風　山高水長

北京大學出版社　二〇〇一年　北京

为祝贺季羡林先生九秩华诞，北京大学出版社于 2001 年出版了具有珍贵艺术价值和丰富文化内涵的《季羡林藏书票》（此为该书扉页）。

代购，便四处打电话求人。几天后，碰巧有事向羡林恩师请教，如约赴他的羡斋进见。季先生的助手给我拿出几本老师的新著，另外还有一本《季羡林藏书票》，说是特意为我留

图为《季羡林藏书票》的封面，浅灰底色，中间为黑色竖排书名，两侧是著名书画家黄苗子先生书写的范仲淹名句“先生之风，山高水长”，是压凹的篆字，古朴大方。用古人的名句，请现代名人书写，名句佳字，相得益彰，充分显露了中国风韵、中国情调。

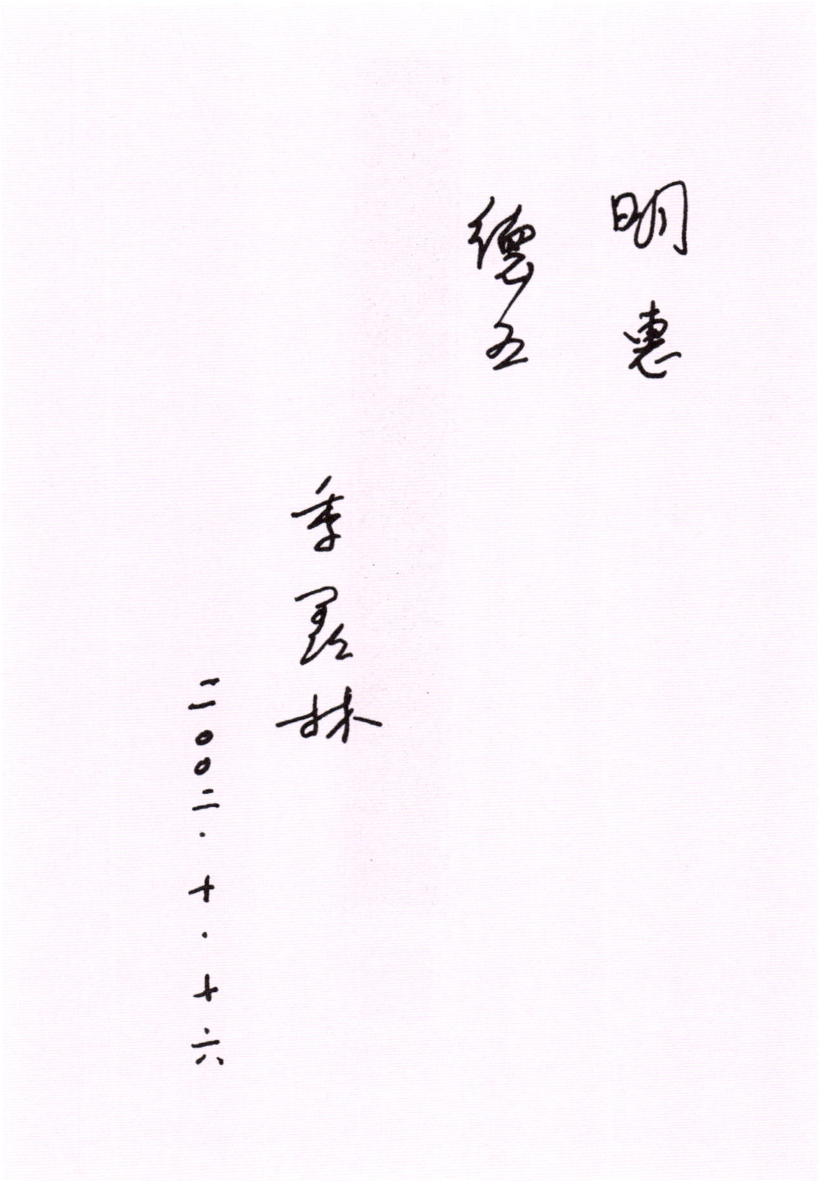


由季羡林先生亲笔题赠给我们的《季羡林藏书票》，弥足珍贵。

“我的经验压缩成两个字是勤奋。再多说两句就是：争分夺秒，念念不忘。”（《季羡林自传》）行胜于言，季先生每天凌晨四时即起，亮起北大朗润园里的第一盏灯，伏案读写。

“我的衣服，多半是穿过十年八年或者更长时间的，多半属于博物馆中的货色……一身蓝色的卡其布中山装，春、夏、秋、冬，永不变化。”（季羡林《漫谈消费》）

“冯（友兰）先生有两句话：‘何止於米，相期以茶。’‘米’是八十八岁，‘茶’是一〇八岁。”（季羡林《记张岱年先生》）“现在我已经到了望九之年，耳虽不太聪，目虽不太明，但毕竟还是‘难得糊涂’，仍然能写能读，焚膏继晷，兀兀穷年，仿佛有什么力量在背后鞭策着自己，欲罢不能。眼前有时闪出一个长队的影子，是北大教授按年龄顺序排成了的。……这个长队缓慢地向前迈进，目的地是八宝山。……我暗暗下定决心：决不抢先加塞，我要鱼贯而进。什么时候鱼贯到我面前，我就要含笑挥手，向人间说一声‘拜拜’了。”（季羡林《一个老知识分子的心声》）

《出版史料》杂志执行主编吴道弘同志通过张明惠请季羡林先生为刊物题词。图为季先生在301医院病房里为《出版史料》杂志题词。

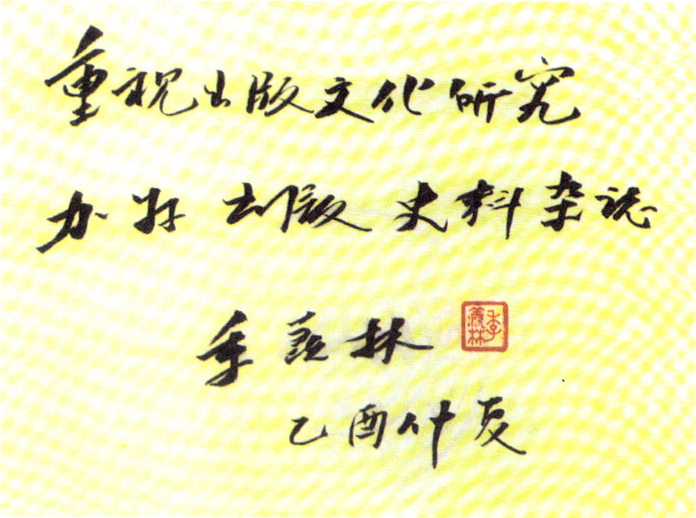


2005年7月，著名学者季羡林先生应邀在301医院病房里为《出版史料》杂志题词的复印件。

人民出版社副总编、中国出版协会学术工作委员会主任、中国书法家协会会员、著名书法家、《出版史料》执行主编吴道弘先生（左）与著名编辑家、出版家、著作家戴文葆先生于 1988 年 2 月在福州鼓山合影。（照片为吴道弘先生提供）

的。我如获至宝，高兴万分，真是“踏破铁鞋无觅处，得来全不费功夫”。当然，这首先得感谢季先生。

季先生谈到出版这本藏书票很费事，花了编著者许多心血，真不容易。据他的助手说，北大有个代表团赴香港访问时带去一些《季羡林藏书票》，结果一售而空。香港电视台一下买了30本，有位记者还诙谐地说："我这月的工资全买了《季羡林藏书票》送人，吃饭问题只好找季先生解决了。"有个十几岁的少年也买了一本，先生说："认识这个孩子时他才几岁，现在也懂得搜集藏书票了。当然，这是艺术品，成本高，有些人可能买不起。"我问道："《季羡林藏书票》是否可以出些小开本，价格低一些，现在已成立了'中国藏书票中小学师生联合会'，肯定有不少中小学生也非常想买。此外，还可以加些先生的手迹、写的序、跋等。"先生说："看来就搞这么一次足矣！以后不会再搞了。"原来先生的这本《季羡林藏书票》是限量绝版印刷，这就更弥足珍贵了。

的确，艺术品不分大小，小小方寸的藏书票，竟然有如此巨大的魅力，它浓缩反映了票主漫长的一生，为读者提供了丰盛的精神食粮，营造了美的艺术天地，正如江溶先生所说："《季羡林藏书票》是精神的盛宴。"确乎如此。

（摘自《出版史料》第四辑，2002年12月，第94页）

## 谈人生价值

先生拔冗赐序的《白凡逸志》中译本出版后，我们给先生送书去。当先生得知我对“一刀切”下提前退休和评定职称有意见，便特意带我们参观了他个人的工作室和藏书库，浓浓的学术气氛深深地感染了我们。随后在谈话的过程中，他谈了自己从清华毕业后回家乡执教的例子来教育我。他说人生的成功之路是“天资＋勤奋＋机遇＝成功”，而天资是由“天”决定的，自己无能为力；机遇是不期而来的，我们也无能为力。只有勤奋一项完全是我们自己决定的，我们必须在这一项上狠下功夫。他说，“我这么大年岁，每天

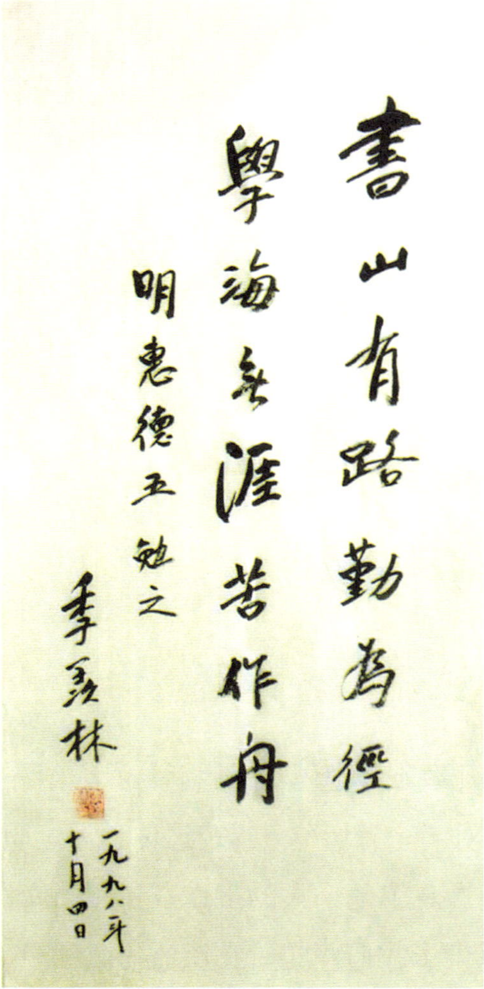


先生总是教诲我们说，人生的成功之路是“天资＋勤奋＋机遇＝成功”，而天资是由“天”决定的，自己无能为力，机遇也是不期而来的，只有勤奋一项完全是我们自己决定的，必须在这一项上狠下功夫。当我们请他给我们题词时，他毫不思索，立即挥毫给我们题写了这副对联。我们视为珍宝，倍加珍惜。

都在写，好像一天不写些东西，全身都难受，像白过一样，我现在正在写《中国佛教史》。你还年轻，才60多岁，虽然退休了，可干的事还很多，来日方长，正是人生起跑线的开始。”接着引用了王静安先生在《人间词话》中所说的话：“古今之成大事业大学问者必经过三种之境界。‘昨夜西风凋碧树，独上高楼，望尽天涯路’。此第一境也。‘衣带渐宽终不悔，为伊消得人憔悴’。此第二境也。‘众里寻他千百度，蓦然回首，那人却在灯火阑珊处’。此第三境也。”他希望大

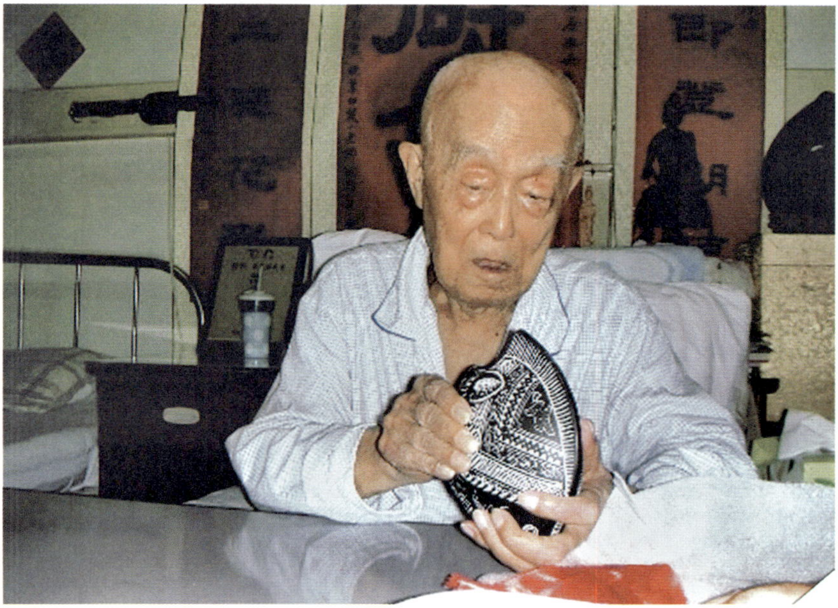


20 世纪 60 年代出生的《人民日报》群众工作部记者何小燕与季先生是同一天生日（8 月 6 日），她十分仰慕先生的学识与人品，2006 年，她特意买了一本先生的著作，请晓鸿带去病房请先生题字签名。季先生的题词是："祝同月同日生的小燕小友快乐。"小燕推算先生属猪，于 2007 年在龙潭湖庙会上购得一猪宝宝玩具，让晓鸿带去赠送给先生作纪念。先生见后立即用放大镜对准猪宝宝观赏，并满脸堆笑地说，我是属猪的，脑子笨，干什么事都要笨鸟先飞。（晓鸿 / 摄）

家都能拿出"衣带渐宽终不悔"的精神来从事做学问或干事业，这是成功的必由之路。季先生知道我是人民出版社的编辑，特意讲了编辑工作。他引用唐朝秦韬玉的两句诗："苦恨年年压金线，为他人作嫁衣裳"，并说古往今来，每一个社会都需要这种"为人作嫁"的精神，说这是一种自我牺牲精神，牺牲自己，成全别人。先生重视编辑工作，尊重编辑

季先生题签书名的《〈论语〉、〈孟子〉和行政学》（韩国李文永著）中译本出版后，四位译者相约前往季先生寓所给他送书，并与先生一起合影留念。图为先生与两位译者沈仪琳（左一）、赵习（右一）合影。

图为先生与《〈论语〉、〈孟子〉和行政学》中译本的一位译者张明惠合影。

图为先生与《〈论语〉、〈孟子〉和行政学》中译本的另一位译者宣德五合影。

劳动，倡导编辑精神，这极大地鼓舞了我们这些当编辑的人，我不禁要高呼："知我编辑者，季先生也!"接着，季先生现身说法，说他自己从清华毕业后回家乡当中学教师时，学校让他一个学期同时开三个年级的课，他用他亲身经历的事例来教育我。他还说"文化大革命"时期，他身处逆境时，仍旧争分夺秒，利用扫厕所、看门房的空隙时间，翻译了印度鸿篇史诗《罗摩衍那》。最后他告诉我说，韩国著名学者李文永教授来找他，想要翻译出版他的著作《〈论语〉、〈孟子〉和行政学》的中文本，他对李教授说，"此事别找我，去找张明惠。我不管你头上有什么头衔，相信你一定能把此事办好"。先生还说，人来到人间，就应该为世人留下点什么，否则就是白来人世一趟，有什么意思。那天先生从两点半一直谈到五点半，还推迟了开晚饭的时间。在先生的启发教育下，我重新端正了自己的人生坐标，并把先生过去给我们的题词"书山有路勤为径，学海无涯苦作舟"作为自己一生的座右铭。

# 悉心关怀学生们的业务和科研能力的提高

复旦大学历史系教授钱文忠曾是季老的一位弟子，他师从季老学习梵文巴利文。在季老的指导下，他遵循季老做学词的路数，本着溯本求源的精神，尽量掌握研究课题的第一手资料，埋头书斋，研读古籍，不畏寂寞，潜心学问。他的著作《玄奘西游记》一书开印30万册，并带动了一批相关书籍的出版。(据《文汇报》2008年1月7日报道)

另一个关爱学生、帮助学生排忧解难的典型事例是关于季老的研究生王邦维同志的。1987年，王邦维同志撰写论文需要到北京图书馆去看《赵城藏》，此乃北京图书馆的镇馆之宝，一级文物，研究生根本借不出来。王邦维同志向季先生反映了这一情况。季先生毫不犹豫，跟他一起去了文律街那里的北图，由季先生借出了《赵城藏》供王邦维查阅。整整一个上午、一个下午，季老在一旁陪着，看《罗摩衍那》的校样。时任北图馆长的任继愈先生目睹这一情景，十分感动。（参阅《季羡林口述史》第223页注①）

季先生对我这方面的关怀更是令我刻骨铭心。

有一次先生让助手打电话把我们找去，先生告诉我，说某大出版社负责人找到他，想通过他让我翻译一本韩国著名作家的散文集，我一口回绝说不翻，先生问我为什么，我说，他又不是不认识我，为什么非得通过您，不直接找我。先生笑了笑说，我明白了，原来如此，还挺有个性的。我直后悔，先生托我办事，我总是竭尽心力，积极完成，唯独这一次，让先生为难了。先生没有生气，说过去都是我跟你们一起照，今天你们单独照一张留念，便拉着我们，让我们单独在洋溢着浓厚学术氛围的书柜书架前摄影留念。

1954年，季先生交给我一篇朝鲜的学术论文《论新罗时期的经济体制》，让我翻译。这是我第一次接受的笔译任务。当时我的朝鲜历史知识十分贫乏，有些地方看不懂，只好求教于我们的老师李启烈先生，他对我帮助很大。后来季先生将这篇译文送到《历史研究》发表，是季先生引导我走上了翻译之路，永志不忘。

1954年4月，朝鲜人民访华团来我国访问，中国人民对外友好协会把我们借调出去当翻译。记得第一天是在北京市青年宫举行欢迎会，我第一次在大庭广众中登台翻译，十分紧张，特别是台下有季先生和我们教研室的朝鲜专家在座，我更是胆怯，两腿直发颤。我不知道自己是怎么走上台的，又是怎么走下台的。散会后，我走到老师们的跟前，准备挨批，不曾料想，朝鲜专家柳烈老师却表扬了我，叫我继续好好干，可以学到许多课堂上学不到的东西。季先生对我说，要沉着，莫慌张，这是一次极好的锻炼机会，要好好珍惜。

1955年春，我本科毕业后，是系里第一个留下来的研究生，研究方向是朝鲜语词汇学。季先生说，当研究生就不能停留在听说写读译原来的基础上，应扩大知识面，逐步进入研究之门。我这才选修了中文系、历史系一些课程，这也为后来的研究打下了初步基础。

1958年掀起了大跃进运动，我也随风而上，除了参加集体翻译《朝鲜短篇小说集》外，还草率地决定参加集体编纂《汉朝词典》。1959年春，我研究生毕业，留校教学，兼任教研室秘书，后又任教研室副主任，这样，和季先生的接触便多了起来。记得为我们编纂《汉朝词典》之事，要到商务印书馆去和有关老编辑同志商讨，当时我们教研室编词典的人手不够，系里决定借助延边大学教师的力量，共同编纂词典，我当了联络员，在京延两地奔走。为编词典事，季先生在政协俱乐部召开座谈会，邀请出版界的老前辈胡愈之同志、商务印书馆的总编辑陈翰伯同志和主管朝文书籍的老编辑等光临指导，商讨的结果是，我们所编的词典，错误不妥之处甚多，离出版标准相距甚远，决定退稿，重新修改，提高质量。我灰溜溜地把词典原稿抱了回来。季先生语重心长地对我说，编词典是一门科学，不能光搞群众大会战，要好好静下心来，推敲切磋，要有高水平的人把关。经过近六年的编词典实践，我的朝语水平确有提高。回想起来，季先生对我的教导确实言之有理，对我翻译和科研能力的提高起到了重要作用。

# 301 编外

得悉先生住院治病后，我们多次前往 301 医院南楼高干病房去探视，问候先生的病情。图为在病房与先生合影。

2001 年，季先生因病多次住解放军总医院 301 治疗，后来又长期住在该医院南楼高干病房，再没能回到北大。他说我的编制虽然在北大，可现在却长期住在

图为探视时在病房与季先生及先生的助手李玉洁老师合影留念。

301 医院病房，便自称是“301 编外”。

先生是国际知名的大学者，可是他的生活十分简朴，为人和蔼可亲。1951 年我第一次见到先生时，他身穿蓝布中山服，脚蹬布鞋，完全不像留德十年的“洋博士”。时隔六十年，仍是这身打扮。难怪先生在北大校门口迎接新生入学时，有个新生误把先生当作校工了，让先生帮他照看行李，自己去办入学手续，先生一直看着行李，等那学生办完手续回来后，才转身离去。

先生住进 301 医院病房后，这种作风依然如故，他和 301 医院医护人员的关系亲密无间。每天早晨一到上班时间，一群白衣天使走进季先生病房，都笑着向季老问安道：“首长好！”季先生满脸堆笑道：“同志们好！我不是首长，你们硬要叫我首长，那也是假冒伪劣的。”下班时，白衣天使们脱掉了工作服，换上便装，来到病房与季先生道别，这时就说：“爷爷，再见！”每逢节假日，白衣天使们把自己家包的饺子、包子等食物送给季老尝鲜，季先生笑着说：“我

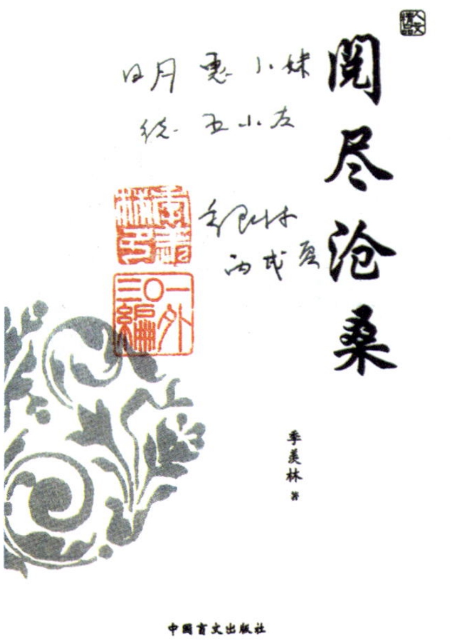

季羡林先生长期住院治病后，戏称自己是“301编外”，并让我们去荣宝斋特意刻一枚“三〇一编外”的印章，足见季先生对301医院感情之深。图为季先生题签赠给我们的新书《阅尽沧桑》，除盖了“季羡林印”外，还专门盖了“三〇一编外”的印章。

是吃百家饭了。”事后他总是千方百计地想法回报，如为医护人员的孩子起名字，为他（她）们上学的孩子签名赠书，看到他（她）们有什么困难，就尽力帮助。

有一次，解放军三总部来301医院慰问钱学森等部队首长时，也给季先生送去一份慰问品，季先生坚决不收，声明“我不是部队首长，不应享受这种待遇”。来回退了三次，实在无法推辞掉，便按慰问品的价格，还增加二百元，买了六百本自己的著作，送给部队。

季老身患多种疾病，眼疾曾在同仁医院开过刀，腿疾也动过手术，又患上了皮肤病，手足起了一个个小泡，季老风趣地称之为“丑类”，都是在301医院治愈的。季老长期入住301医院高干病房后，仍然十分乐观、豁达，他把病房当成了自己的“家”。《病榻杂记》里的“病房里的日常生活”

这一小节中，他这样写道：“我活了九十多岁，平生播迁颇多，适应环境的能力因而颇强。不管多么陌生的环境，我几乎立刻就能适应。现在住进了病房，就像到了家一样……”这十余平方米的病房，于是变成了先生的书房、卧室、办公室、会客室四合一的“家”。在与病房相连的阳台上，存放书籍的塑料整理箱摞成一面墙，以便先生随时查阅。先生在病房里仍然是常用脑，勤思考，伏案书写，笔耕不辍，《病榻杂记》里的大部分文章就是在这里创作出来的。先生的长寿秘诀“不锻炼（其实指的是不作费时太多的过分的锻炼）、不挑食、不嘀咕”之外，又补充了一点——“用脑长寿”。在季老视力减弱、看不见、无法写作时，他也不让自己闲着，把蔡德贵同志请来做当时学界颇为流行的口述史，先生说这对自己也很有意义，说他已年近百岁，应该对自己的一生做一个小结，而他做口述史

季先生在病房中手拿放大镜正仔细地鉴赏着我们给他从荣宝斋刻来的“三〇一编外”印章盖在宣纸片上的效果。（晓鸿 / 摄）

2005年，季羡林先生喜迎94岁松柏之寿，我们特意送去镶有玉雕寿星的装饰盒和在荣宝斋刻的“三〇一编外”图章，季先生异常高兴。翌年我们再次去探望季先生时，他将我们所赠之礼物摆在桌上，将赠给我们的新书《阅尽沧桑》翻开，给我们题词盖章，还特意盖上了“三〇一编外”印章。(晓鸿/摄)

季先生收到我们敬呈的镶有玉雕老寿星的装饰盒和在荣宝斋刻的印章后，十分高兴，一定要摆在桌上，和晓鸿一起合影留念。

的原则是"假话全不说，真话不全说"。2009 年 1 月 28 日下午，季先生谈到他佩服的人时就说，文的是梁漱溟，武的是彭德怀。"文化大革命"时有一次航空学院组织批斗会，批斗彭德怀，季先生去看了，他很担心，这个批斗会不是讲理的地方，彭老总脾气暴，他一暴，后果不堪设想，甚至会被打死（《季羡林口述史》第 217—219 页）。

由于长期住院，季先生对医院产生了深厚的感情。他爱好收集闲章，曾风趣地说："我半瘸、半拐、半聋、半瞎"，让我们去荣宝斋刻一枚"四半老人"图章，同时再三嘱咐，还要刻一枚"三〇一编外"的印章。在他签名赠送我们《季羡林论人生》一书时，除了盖上他的私章外，还特意盖上了

季羡林先生患病长期住院治疗，他风趣地说，自己的编制虽然在北大，可是根本回不去，戏称自己是"301 编外"。季先生为人和蔼可亲，平等待人，他和 301 医院南楼高干病房的医护人员长期相处，亲密无间，如同家人。图为季先生与医护人员共度九十五寿辰。

季羡林先生过生日，故交朋友和学生送来花篮、花束以示祝贺。为了保持室内空气清洁，这些花篮花束都放到了病房门外走廊边。另有一个红玫瑰花篮，红玫瑰配上翠枝绿叶满天星，分外娇艳，季先生十分喜爱，将它留在房内。我们拜谒季先生时，他让把玫瑰花篮摆放在桌前，一定要我们和他合影留念。

“三〇一编外”的印章，足见季先生对301医院感情之深。

2006年8月6日季先生九十五华诞，温家宝总理前往301医院祝贺，当晚先生写了一首诗：

年近期颐心常青，
自谓已成百事通。
何时归故凭天意，
我不惧来也不惊。

季先生说这是他现在的心理状态。但他还是非常关心国家大事，当时向温家宝总理建议要广开言路，先生的建言也体现在后来政府的政策中。此外，先生还谈到他的“和谐说”，季先生认为，除了人和自然的和谐、人与人之间的和谐外，人还要自我心态和谐。

2006年9月26日，先生荣获中国翻译协会的“翻译文化终身成就奖”，先生患病无法出席授奖大会，只能作了个书面发言，足见先生对翻译事业的重视和关注。先生在书面发言中说：“自从人类有了语言，翻译便应运而生。在世界文明发展的历史长河中，在中华民族伟大复兴的进程中，翻译始终都是不可或缺的先导力量。中华几千年的文化之所以能永盛不衰，就是因为，通过翻译外来典籍使原有文化随时能注入新鲜血液。可以说，没有翻译，就没有社会的进步，没有翻译，世界一天也不能存在。”先生接着指出：“我总认为，翻译比创作难。创作可以随心所欲，翻译却囿于对既成的不同语言文本和文化的转换。要想做好翻译，懂外语，会几个外语单词，拿本字典翻翻是不行的，必须下真功夫，下大功夫。”

汶川大地震，先生虽然身在医院病房，却十分关心灾区人民，他拿出自己的稿费，捐款20万。先生说，“我一没有钱，二不爱钱，捐赠灾区，是我应尽的责任。”据2008年5月23日《北京青年报》记者肖扬的报道文章《一个文化老

2008年北京奥运会组委会送来聘书，聘请季羡林先生为北京奥运会文化艺术顾问。季先生十分高兴地对我们说，过去中国人被称为“东亚病夫”，如今已成了体育大国、体育强国，还举办奥运会，真是新旧社会两重天啊，他满怀激情地把聘书放置在桌上，让我们和他一起合影留念。（晓鸿/摄）

季先生接受北京奥委会组委会聘请他为文化艺术顾问后，十分兴奋，把聘书放置在桌上，和晓鸿一起合影留念。

人的汶川时间》中说，他听季老身边工作人员告诉他：“至少有三次，季先生合上双目，眼泪大滴大滴地流着。”当工作人员告诉季先生，温家宝总理已在第一时间不顾个人安危到达灾区一线，并且表示念及生命的重要，为百分之一的希望开展百分之百的救援时，老人哽咽着说他给大家带了个好头。5月19日举国为亡灵哀悼，季先生饭量减少，话也少了，脸上愁云凝重。

先生在301医院住院治疗期间，许多出版社的编辑闻讯纷至沓来，都想出版先生的著作。先生对这些出版社的编辑一一作出明确的交代。先生说，“我住院治病，对外界出版社的情况已不太了解，你们千万不要把我已出版过的书，另起个书名，改头换面，重复出版，这样既浪费纸张，也白白耗费你们的精力。经济利益固然重要，但更应该考虑社会效益。希望你们一要对自己出版社的名誉负责，二要对读者负责。”

先生这种认真负责的精神，同样也体现在对北大的建言中。2000年，北京电视台在拍摄《北大魂》时采访季老，谈到北大创一流大学这个问题时，季老说：“创一流大学，北大文科就是一流的，如果不好好提升，则是重大失职。文科作为真正的一流，应该好好扶持啊！”

## 几十年如一日，对学生关怀备至

2004 年，我患癌症在 301 医院开刀动了手术，住在 301 医院南楼高干病房的季先生听说此事，便说张明惠一向体弱多病，怎么现在又得了这病，真是黄鼠狼专捡病鸭子捏，立即让助手代他写了一封信，让我要随遇而安，树立信心战胜疾病。在先生的鼓励下，我与癌魔做斗争的信心和勇气倍增。在我出院的前夕，我特意去南楼高干病房探望先生，向他道别。先生再三叮嘱我要坚强乐观，战胜疾病，大家都殷切盼望你早日康复。

季先生住院前，有一次，先生的助手打来电话告诉我

2004 年季先生得知张明惠患癌症在 301 医院动了手术，立即让助手代他写信，让她要随遇而安，树立战胜癌魔的信心。张明惠出院前，特意到南楼高干病房去探望先生，她习惯性地坐在季先生的左手边，季先生关怀地说，这边靠窗有风，让她坐到他的右手边。先生还特意用宣纸题写了“张明惠长命百岁，青春永驻”的题词，盖了当年他第一次领工资用过的图章，这枚图章，是当年胡适校长派人到荣宝斋刻好送给他的，季先生谈将来要交给纪念馆。这份题词 16 开宣纸，外加塑料压膜，弥足珍贵。

说，季先生的学生从无锡带来些水蜜桃，非常好，特意给我留了两个，叫我去取，不然都要分光了。先生给我的水蜜桃，大如碗口，色如玉雕，观之令人垂涎欲滴。过了两天，我怕放坏，太可惜了，只好和家人分而食之。

1996 年的一天，我突然接到季先生助手的电话，说季先生知道我经常生病，工资又不高，特别在信封里装了些钱要给我，我感动得簌簌泪下，老师关怀弟子的一番心意，犹如和煦的春风温暖了我的心田。但是老师给了我谆谆教诲，给我指点迷津，解除了我的精神枷锁，这真是无价之宝，弥足珍贵，我岂能再剥削先生的血汗钱，便婉言谢绝了。

记得在1979年，当时在北大主持亚非研究所的季先生先后两次派人与我联系，让我回北大亚非研究所归队，如果业务生疏了，还可派我出国到金日成大学进修。先生在业务上对我如此关怀，我永远铭记在心。

1998年的一天，季先生对他的助手说，有些时日没有张明惠的消息了，打个电话问问，是不是又病了。他的助手打电话问了我的近况，并商定以后每隔两周主动给他打个电话，免得先生惦念。老师对我这个不才学生的关怀之情，溢

2004年张明惠在301医院动了手术后，宣德五和她的侄女张永鸾来接她出院，出院前我们特意去南楼高干病房探望季先生，这是在病房与季先生合影。

于言表，遇到这样的好老师，我深感三生有幸。

先生生活十分节俭，布衣布鞋，粗茶淡饭，几十年如一日。可是早在20世纪50年代，先生就常常在经济上帮助他的学生们。记得那时有一个学生要负担三口之家，经济困难，先生为了减轻他的负担，长期给以资助，还选拔他为干部，派他出国留学深造。没想到这个学生在“文化大革命”初期，最先跳出来造先生的反，以怨报德。在这个学生死后，季先生仍不咎既往，继续支援他的遗孀和孩子。先生这种不计

北大东语系朝鲜语专业毕业的几位学生相约一同到北大朗润园季老的寓所羡斋去拜谒季先生，并送上由季先生题写书名的《〈论语〉、〈孟子〉和行政学》中译本一书。

几代弟子，欢聚一堂，共同庆祝季先生米寿（88岁）。右一是《非凡人生：季羡林先生》一书的作者王树英。（图片选自王树英：《非凡人生：季羡林先生》，新世界出版社2005年版，第108页）

个人恩怨、宽容大度的风范真是难能可贵，令人十分感佩。

先生执教几十年，每当学生有什么危难，紧要关头，先生总是挺身而出，说“学生是我培养的，学生有过错，我当老师的有责任，应该由我来承担，不要为难学生”，他不顾个人安危，竭力保护学生。古人韩愈在《师说》一文中说：

1995年秋，季羡林先生访韩时，到中国驻韩国使馆作客，同我国首任驻韩大使、先生的高足张庭延及其夫人谭静欢叙畅谈，不亦乐乎。左起第一人为张庭延大使，右一为张庭延夫人谭静，他们二人都是北大东语系朝语专业54届入学的毕业生。那天，他们在使馆设宴招待季先生，季先生谈起他的饮食起居，说他每天清晨四点起床看书写作，七点用早餐，几块烤馒头片和几粒花生米，还有一杯清茶，几十年如一日，恰巧他们回国休假时带回来有花生米，赶快拿出来请季先生享用。季先生品尝着，嘴里不断地说：“又回到北京了！”之后不久，季先生托人从北京给他们捎去十几斤花生米，他还写了一篇题为《汉城忆燕园》的散文，发表在香港《大公报》上，其中谈到在使馆吃花生米的事。（图片及说明为张庭延夫妇提供）

2001年季先生九十华诞，这年5月，张庭延、谭静伉俪去看望季先生。因为路远，由女儿开车送去，还带着8岁的外孙女。到达后，二人带着花篮进去，女儿和外孙女在外边等着；不知怎么让季先生知道了，一定要让她们也进去，季先生还起身迎接。外孙女看到季先生会客室四壁柜里书那么多，惊讶不已，脱口而出问季先生是教什么的，季先生坐在沙发上搂着外孙女对她说，他教的是"稀奇古怪"，引得大家哄堂大笑。大家祝愿他健康长寿。告辞时，季先生送给一本新著《千禧文存》，并在扉页上写上四个人的名字，祝"三代万福"，还签名写了日期。外孙女接过一看有她的名字，高兴地把书抱在怀里，一再向季先生表示感谢。（图片及说明为张庭延夫妇提供）

2002年10月，54届朝语专业的同学时隔44年从祖国各地来北京聚会，还有一位从悉尼赶回，大家相约去探望季先生，季先生得知，特意从病院赶回家接见我们。那天，我们送给季先生一支拐杖，让他经常散散步；还送他一盆开放时间较长的蝴蝶兰，让他笔耕之余观赏散心。季先生的会客室较小，大家分批进去向他致意，并与他合影。一位同学拿出一本《季羡林传》请季先生签字，季先生欣然应允，“季羡林”三个字写得工整秀丽。中午时分，风停日出，季先生同意到外面楼前与全体合影。二十多位同学和他们的老伴子女，簇拥着坐在中间的季先生，在和煦的秋阳下合影留念。爽朗的笑声响个不停。季先生的秘书说，季先生最爱他的学生，你们提出要来，他毫不犹豫地就同意了，今天是他最开心的一天。（图片及说明为张庭延夫妇提供）

2008 年 5 月，原北大东语系毕业生到 301 医院探望季先生。右起第二人为原驻文莱大使刘新生，右起第四人为原驻越南大使李家忠，右起第五人为原驻韩国大使张庭延，右起第一人为刘新生夫人潘正秀，右起第三人为张庭延夫人谭静。大家一起谈笑甚欢。季先生说，我应该称你们为“阁下”，你们在外交战线上做了很多工作，现在退休了，也不要闲着，多思考问题，多写些东西。季先生回顾北大东语系培养了不少人才，出了二十几位大使。他说，不过现在的大使也不好当，既要学好外语，还要懂得中国、懂得世界，要掌握很多知识，历史、经济等，要懂得很杂，才能当得好。季先生还说，他的身体不错，活到一百岁没有问题，如果可能，还要过茶寿（108 岁）。大家祝他健康长寿，分别把各自近年来写的书送给季先生，请他留念、指教。大家还说以后还会来看他，但谁也没想到，这次见面竟是诀别。斯人已去，风范长存。（图片及说明为张庭延夫妇提供）

图片为季羡林先生的弟子、复旦大学钱文忠教授于2007年8月13日到301医院病房看望恩师季羡林先生。钱文忠同志现在是上海复旦大学历史系著名教授。1984年，他报考北京大学，投到季先生门下，成了季先生的弟子，随先生学习梵文、巴利文，并跟季先生一样，去德国留了学。钱文忠在做学问方面，严守季先生的路数，一是要尽量接触到所研究课题的第一手资料，再就是要有殚精竭虑的精神，要尽可能看遍所研究的领域里所有前人研究的成果。有一次，季先生过生日，钱文忠去医院看望，季先生送给他一本书，上面写道："文忠老弟，是真才子，但不要有才子气，有傲骨，但不要有傲气。"钱文忠遵循师教，更多的时候，他埋头书斋，研读古籍，手抄心经，按着传统师门的路数，不畏寂寞，潜心学问，他曾在《百家讲坛》播讲《我的老师季羡林先生》，做这节目前，季先生对他讲了三个字："别夸大"。季先生患病长期住301医院治疗期间，钱文忠多次去医院探望，并去过季先生老家山东临清，代季先生给他父母上坟。他的著作《玄奘西游记》一书开印30万册，并且带动了一批相关书籍的出版。北京大学汤一介教授嘱望钱文忠：领军中国新一代杰出学者。（图片选自《文汇报》2008年1月7日）

1989 年季先生指导日本博士生辛岛静志。（图片选自王树英：《非凡人生：季羡林先生》，新世界出版社 2005 年版，第 113 页）

2001 年季先生与在北京大学学习的泰国诗琳通公主合影留念。（图片选自王树英：《非凡人生：季羡林先生》，新世界出版社 2005 年版，第 114 页）

“古之学者必有师。师者,所以传道授业解惑也。”可是从季先生执教一生,对待学生的态度,培养提携学生的感人事迹来看,似乎师者除了传道、授业、解惑以外,还应加一条“爱徒”,用现代话来说,就是“关爱学生”。而季先生则堪称为人师者的楷模。

2008 年,季先生又将积攒多年的百万元稿费捐赠出来,设立“季羡林奖助学金”,希望用这笔基金的收益奖励优秀的学生获取更好的成绩,帮助家庭经济困难的学生完成学业。季老一生生活俭朴,刻苦待己,却把自己毕生的精力都奉献给了学术和高等教育事业,为栽培学生作出了巨大的贡献。

## 谦逊平和、重情仗义的长者

羡林师是学富五车、著作等身、名扬四海、誉满全球的知名学者，可是他待人接物从不摆社会名流的架子，总是那样谦虚随和、乐于助人，只要力所能及，有求必应，从不推辞，光是给人题字题词，就占去他老人家许多

季先生看到《晓鸿诗词摄影集》后，十分高兴，当即将自己刚出版的新书赠给晓鸿，晓鸿请季爷爷为其题词签名。

2007 年 7 月 31 日，晓鸿为张虎军、段威两人请求季先生赠书签名，左为季先生助手杨锐老师。

宝贵时光。有一次，我社有位老同志通过我请求季先生给他老家题写匾额，先生慨然惠允，并十分谦虚地说："就怕写不好，请那位同志别嫌弃。"可见先生是何等虚怀若谷。重庆书画家邓晓岗在筹建巴渝名家书画馆时，认为既然是"名家书画馆"，就应该请一位泰斗级的人物来题写馆名，他便想到了季羡林先生。他委托北京两位文友请季先生题字，两位文友答应试一试，随后，文友写了一封信给季老，并附上了邓晓岗的字画、书籍等材料，通过有关部门，转交给了季老秘书。两个月后，邓晓岗就收到了季老的题字。(据《重庆时报》2009 年 7 月 12 日第 12 版记者于洋报道)

1994 年，已故韩国临时政府白凡金九主席的哲嗣金信先生（曾任韩国国会议员、交通部长、空军参谋长、驻外大使等职，在我国出生成长，曾先后来我国访问五十次，自称是"半个中国人"）通过我社副社长、副总编辑庄浦明先生

1994年是大韩民国开国元勋金九(白凡)先生(1876—1949年)不幸遇害逝世45周年。为了缅怀先生的斗争业绩，先生的哲嗣金信先生通过人民出版社副总编、副社长庄浦明先生约请我们翻译了此书，将其奉献给中国的广大读者。金九先生把自己的一生和祖国的命运紧紧联系在一起，为了祖国的独立、民族的生存，他义无反顾，长期过着颠沛流离的生活。20世纪二三十年代他流亡中国上海、重庆等地，领导韩国临时政府进行反抗日本侵略者的斗争。他的毕生愿望，是“大韩的独立自主……仅此一个，别无所求”，为此他奋斗到生命的最后一息，《白凡逸志》就是他充满血与火的一生的真实写照。

为了约请季羡林先生为《白凡逸志》中译本写序，金信先生特意到北大会见了季先生。左一是季羡林先生，左二是韩国金信先生，右一是人民出版社的庄浦明先生，右二是北大韩国学研究中心主任杨通方先生。

图为韩国金信先生亲来北大会见季羡林先生，约请他为《白凡逸志》中译本写序。坐在中间者是季先生和金信先生，右一是杨通方先生，左一是北大亚非所李玉洁先生，左二是韩国革命志士后裔李素心女士。

找到我们商讨翻译出版《白凡逸志——金九自叙传》一书的事宜，相约在北京大学见面，并欢迎季先生亲临指导，想请季先生拨冗赐序。当时正是先生要去泰国访问前夕，事务十分繁忙，但他还是赶在出国前，写了一篇文辞优美、寓意深远的序言，为《白凡逸志》中译本增添了光彩。1999 年我翻译韩国知名学者李文永的著作《〈论语〉、〈孟子〉和行政学》，此书五十多万字，许多章节涉及儒家经典，季先生多次问起

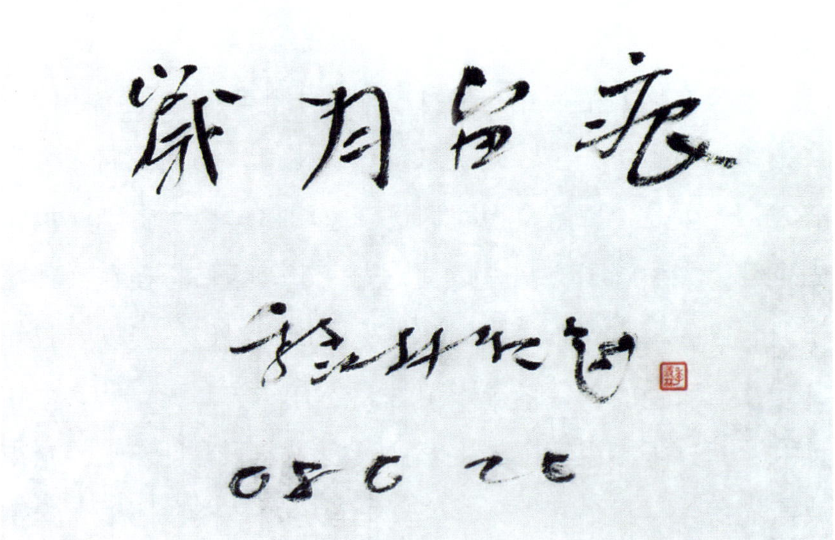


反映明惠人生之旅的书《岁月留痕》即将出版之际，我们特意来到季先生的病房，一来探望先生的病情，二来想请先生为此书题写书名。当时先生视力已经衰退，已几乎看不清字迹。在宣纸上写第一张，把四个字写成了两行，只好作废，再重写第二张，在助手杨锐老师的帮助下，才将书名写成了一行，几个字完全是摸索着写的。此情此景，令人感激涕零。我对先生说，书中有关您的那篇文章，定稿后我会送来，请您审定，聆听教诲。谁知未能如愿，先生不幸驾鹤西归，成为永远不能实现的梦想，令我抱憾终生。

翻译过程中有无困难，如有问题，他愿意帮助解决，关怀之情，溢于言表。本来李文永教授想请他为此书写序，但当时先生眼疾十分严重，无法执笔撰文，只得勉为其难，戴着老花镜，手持放大镜，一笔一画地为我们的译作题写书名，前后写了六张，直到他认为满意时，才派人送来。这使我们感动得热泪盈眶。2008 年先生已长期住 301 医院治病，即使在这种情况下，先生仍答应为我题写《岁月留痕》的书名。当时先生视力已衰退，已几乎看不清字迹，完全是摸索着写的，我真是十分愧对先生。

传统文化的精神在先生身上得到了充分的体现。我们每次去朗润园探访先生，先生总是热诚相待，当我们向先生告辞时，先生一定要亲自把我们送到家门口，握手告别。范曾先生曾为先生画了一张肖像画，先生十分珍惜，挂在会客室十分醒目的地方。一次我们去先生家拜访，先生提议要我们一起在他珍爱的画像前摄影留念。还有一次，我侄女寒梅和孙女菲菲打了出租车来先生家接我们回去，看见先生的宠物波斯猫咪咪，我孙女十分喜爱，把猫紧紧地搂在怀里。先生见此情景，异常高兴，让菲菲抱着猫，一起照了相片，然后起身直把我们送出家门，看我们上了车，才挥手告别。

先生如此热情待人，可是却严以律已，从来都是为别人着想。住在医院里，从不在生活上提出什么特殊的要求。有一次我给先生带去了月盛斋的酱牛肉，他特别高兴，连声说太好了，太好了，我就好这一口。可是他平时从不提出想吃这想吃那，怕麻烦助手出外去买。更有甚者，一般人住院都想乘机把身上的各种病都治好，可他却怕给大夫找麻烦，竟然“讳疾忌医，争取和大夫‘相安无事’”。他说：“又有一次我谈到便秘和内痔，不到一个小时，就来了一位泌尿科的大夫，给我检查有关的部位。所有这一切都让我既感动又不安。从此以后，我学得乖了一点，我决不再说身上这里痛那里酸。大夫和病人从此相安无事。”（见《三进宫》一文）

在生活上先生是十分随和的，可是在工作中要求非常严格，从不放过一丝一毫的错误。有一次我给先生念一篇我写

著名书画家范曾先生曾为季羡林先生画了一幅肖像画，季先生珍爱倍加，特意挂在羡斋会客室十分醒目的地方。有一次，我们去季先生家拜访，他提议要我们一起在他珍爱的肖像画前摄影留念。

有一次，我（明惠）的侄女寒梅和孙女菲菲打了出租车来季先生家接我们回去。孙女菲菲本来就喜爱宠物犬猫，见到先生宠爱的波斯猫咪咪，就一把搂在怀里，先生见此情景，十分高兴，并说晓鸿之女菲菲是第四代了，是未来的希望，一定要让拍张照片留念。

的文章，请先生审核。当念到“耄耋”二字时，我按下部一半字的读音念了，先生当即指出我读音的错误。我回到家里，他又让助手打电话给我，叫我再碰到这个字时不要再念错了。

晓鸿的诗词摄影集出版后，请先生题词，先生让我先起个草，我的草稿是“童年时光……少年时代……青年时期……中年时代……”，先生批评我说：“晓鸿才多大年纪，用了那么多时代，合适吗？”他在题词时把涉及时代的词全部删去。在这方面先生对学生是严格要求，遣词造句，字斟句酌，一丝不苟的。

张明惠与季先生及其宠物咪咪在朗润园寓所羡斋楼门口合影。季先生为人谦和有礼，我们每次拜访，向他告辞时，他总是要亲自把我们送到寓所楼门口，握手告别。

别看先生在生活上待人接物是那样随和慈祥，可他的原则性非常强，坚持真理，从不跟风媚上，他常教导我们说："做人要假话全不说，真话不全讲。记住，一个是'全不'，一个是'不全'。"记得20世纪50年代曾掀起一股批判胡适的旋风，先生对此颇不以为然，在批判会上先生总是缄口不语，一言不发。后来先生告诉我们说："胡适是个实验主义者，不主张什么终级真理，他不赞成共产主义，同样也反对三民主义，世界上所有的'主义'都与'终极真理'相似，因此他反对。"先生在其后的文章里也曾直言不讳地说："我认为，决不能就

宣德五与季先生在其寓所羡斋楼门口合影。

有一次，先生腿疼痛，行走不便，难以迈下台阶，但先生还是坚持要送，便由助手李玉洁先生搀扶着把我们送到寓所羡斋楼门口。图为张明惠（左二）、宣德五（右一）与季先生及其助手李玉洁先生（左一）在楼门口合影。

因此贬低了胡适的‘大胆的假设，小心的求证’。我上面已经提到，这是胡适最大的贡献之一。无论是人文社会科学家，还是自然科学家，真想做学问，都离不开这十个字。”先生在文中最后指出：“多少年来泼到他身上的污泥浊水必须清洗掉。我们对人、对事，都要实事求是，这是我们从事学术研究的人的起码的准则。”（见《胡适全集》序）

在《季羡林说自己》一书中，季先生指出："汉语同西方印欧语系的语言是截然不同的两类语言，……然而，在我们国内，甚至在国外，对汉语的研究，在好多方面，则与对印欧语系的研究无大差异。""因此，我建议，汉语语法的研究必须另起炉灶，改弦更张。"他还提出中国通史和中国文学史必须重写，理由是"我们学习的马克思主义是前苏联版的，带着斯大林的印记。在'一边倒'的影响下，我们的人文社会科学的研究，其中当然包括历史研究，都受到了感染。""在这样'极左'思想的指导下，……不管作者学问多么大，名气多么高，在死守教条的基础上，在迎合上意的前提下，写出来的决不会是好书，有时是违反作者本意的产品。""历史研究，贵在求真，决不容许歪曲历史事实，削足适履"。这真是石破天惊、振聋发聩之论。先生还开创性地提出了"大国学"的观点，他曾跟蔡德贵与刘小晖两位先生谈到，中国五十六个民族的文化，都属于国学的范畴，不能说汉学是国学。（见《季羡林口述史》，陕西师范大学 2010 年版，第 230 页）

在 301 医院的病房里，季先生兴致勃勃地跟我们畅谈了东西方文化的问题。他认为从人类历史发展的全过程来看，东西方文化兴衰更替三十年河东，三十年河西。西方资本主义文化为人类创造了巨大的福利，做出了很大的贡献，这是不能否定的，但其中一些弊端也渐渐显露出来，如生态环境

有一次我们去拜谒季先生，先生兴致特高，和我们谈起东西方文化的差异，并谈了他三十年河东三十年河西的想法。在聆听了先生关于东西方文化的高论后，在客厅的另一端靠墙摆放的书柜、书架前，我们和先生一起合影。

的破坏，臭氧层的破坏，新疾病的产生，等等。西方主张征服自然，结果出现了这些弊病。东方文化把自然当作朋友、兄弟，主张天人合一。从客观上看，我们东方文化看重集体概念，普遍联系，这是一种“综合的思维”，与此相对立的是西方的“分析的思维”，这两种对立的思维方式，正是东西方文化的基础。现在到了 21 世纪，三十年河西的西方文化将逐步让位于三十年河东的东方文化，人类文化的发展将进入一个新时期。西方形而上学的分析将要被东方的寻求整体的综合取而代之。当然这里所说的“取代”，并不是“消灭”，而是继承西方文化的精华，在这个基础上再把人类文

1986 年 6 月季羡林先生出访日本，在日本早稻田大学讲演。（图片选自王树英：《非凡人生：季羡林先生》，新世界出版社 2005 年版，第 114 页）

北京大学百年华诞，适逢韩国明知大学建校 50 周年，两校共同在北大举办中韩文化与现代化国际学术研讨会，以示庆祝。季羡林教授出席这次研讨会开幕式并与与会学界人士合影留念，前排左起第六人是季羡林先生。左起第五人是韩国首任驻华大使权丙铉，他是中韩建交韩方谈判代表。

化的发展推向一个更高的阶段。

季先生不仅在学术问题上坚守原则，就是对待生活和一般工作问题也是如此。举个例子，诗人臧克家及其夫人郑曼是季先生的老友，20 世纪 80 年代初，郑曼带着女儿苏伊找到了季先生，想托他在由他主持的南亚研究所里给女儿安排一个职位，季先生问苏伊："你读过《大唐西域记》没有？这可是南亚所的入门书，到我们所，都得先考这本书。"事后，臧克家、郑曼同志都认为季先生按南亚所规章办事，是

季先生访韩归来后，我们去先生寓所拜谒他。先生告诉我们，我们的学友、先生的高足、首任驻韩大使张庭延和其夫人谭静，曾在使馆设宴招待先生，宴席上先生品尝了茅台和下酒的花生米。季先生爱吃花生米。每天凌晨四时半，羡斋就亮起了北大朗润园里的第一盏灯，先生也不打搅别人，就是看书写作。两块烤馒头片，就着五香花生米，冲一杯奶就算是一顿早餐。

完全应该的，这正是季先生严守职责的高尚品格。

季先生自称是一个上不得台盘的人，很怕见官，最讨厌人摆官架子。胡乔木和季先生青年时期同在清华读书，可以说是故交。胡乔木后来当了大官，但季先生也承认他没有官架子。有一次，胡乔木想约他一起到敦煌去参观，季先生委婉地回绝了。他在《怀念乔木》一文中说："并不是我不高兴同他一起出去，我是很高兴的。但是，一想到下面对中央大员那种逢迎招待，曲尽恭谨之能事的情景，一想到那种高楼大厦、扈从如云的盛况，我那种上不得台盘的老毛病又发作了，我感到厌恶，感到腻味，感到不能忍受。眼不见为净，还是老老实实待在家里为好。"季先生有一次和我谈起此事，曾直言不讳地说他不喜欢那种排场，不愿意沾他的光。

季先生学贯中西，博古通今，他的学术成就深得国内外学界首肯，学界人士有人尊奉他为"学界泰斗"，有人尊称他为"国学大师"，更有人将他视为"国宝"。季先生对此不敢苟同，坚决请辞"大师、泰斗、国宝"三项桂冠，此事在学界、教育界甚至在社会上引起了热议，反响极为强烈。先生驾鹤西归后，在悼念先生，介绍先生生平一文中，仍然是众望所归，将先生定格为"学术界的一代宗师"。

季先生曾自称自己是半瘸、半拐、半聋、半瞎的"四半老人"，我仿这"四半"，将其改为"四可"，即季先生是一位"可敬、可亲、可佩、可信"的慈祥的师长。

2005 年 7 月中旬，我去 301 医院探望先生，并带去上次与先生合照的照片。当时我问起先生过去参加活动的一些情况，他说王树英书中谈到一些，就让他的助手打电话让王树英寄本书给我。没过几天，我便收到了王树英同志寄来的他的大作《非凡人生：季羡林先生》，拜读后获益匪浅。

季先生人格魅力组成部分的一个重要内容就是尊师爱友。他对老师、长辈尊重有加，对知己故交，情同手足。

季老多次跟我们强调，感恩是为人处世的根本准则之一。他是这样说的，也是这样做的。他经常跟我们提起他的中学老师，称赞老校长鞠思敏热爱青年的精神，对教育事业的执着，以及在敌伪时期所表现出的民族气节和冰雪般的操守，这些影响了他一辈子，他称老校长是自己“永世难忘的人”。季先生还撰写纪念文章《我的老师董秋芳先生》，文中谈道：“但是感情一受到剧烈的震动，所谓‘心血来潮’，则立即拿起笔来，写点什么。至今已到垂暮之年，仍然是积习难除，锲而不舍。这同董先生的影响是绝对分不开的。我对董先生的知己之感，将伴我终生了。”季先生还说：“我此时改用白话文写作文，大得董先生赞扬，认为我同王联榜是‘全校之冠’。这当然给了我极大的鼓励。我之所以五十年来舞笔弄墨不辍，至今将近耄耋之年，仍然不能放下笔，全出于董先生之赐，我毕生难忘。”（《此情犹思》自传——代总序）因此季先生对这两位中学教师感恩不尽。

对大学教师同样如此，其中特别是陈寅恪先生，季先生认为他讲课“不武断，不夸大，不歪曲，不断章取义”。这种学风影响了他的一生，令他受益无穷。后来季先生搞佛教史、佛教梵语和中亚古代语言，则同陈寅恪先生的影响是分不开的，他在清华就听了陈先生的“佛经翻译文学”的课，正是受到寅恪先生的影响，才走上了这条治学道路。

1935 年 10 月 31 日，季先生到德国哥廷根留学，在这里，季先生找到了毕生要走的道路。他决定主修印度学，当时教季先生梵文的是瓦尔德施米特教授，选梵文课的学生只有季先生一人，而教授仍然严肃认真地讲课，一直讲到四点才下课。第二次世界大战爆发后不久，教授被征从军，已经退休的西克教授，已垂暮之年，出来代替他上课。西克教授真正是诲人不倦，第一次上课，就郑重宣布，要把自己专长的学问，毫无保留地全部传授给季先生。从他那里，先生学了吐火罗文。对这两位德国老师，先生是感恩戴德，终生难忘。先生说：“我的老师都是楷模，他们的学风异常认真、细致、谨严。他们写文章，都是再三斟酌，多方讨论，然后才发表。”德国老师的这种严谨认真的学风，深深地影响了先生，令先生终生受用不尽，也令先生终生感激不尽。

1980 年季先生重返他的第二故乡哥廷根，缅怀自己学术生涯起步的圣地。如今这里物是人非，令先生无限感慨，思绪万端。特别是他和住在养老院的他的“博士父亲”瓦尔

1980年，季羡林先生重返他阔别了35年的德国小城哥廷根。先生曾在这里度过整整十年，这是先生风华正茂的十年。在这里先生快乐过，苦恼过，追求过，幻灭过，动摇过，坚持过。这座小城决定了先生一生要走的道路，在先生的心灵上打下了永不磨灭的烙印，因此，先生把这里视为自己的第二故乡。先生重返第二故乡，见到江山如旧，人物全非，不禁思绪万千，无限感慨，只能在内心里用无声的声音惊呼“访旧半为鬼，惊呼热中肠”了。这一年哥廷根冬雪来得早了一点。10月中旬，就下了一场雪。先生徘徊在当年天天走过的街头，忽然回忆起当年的冬天，日暮天阴，白雪映眼，自己搀扶着吐火罗文和吠陀语的老师西克教授，慢慢地走过这条街头的情景，如今这位祖父一般的老人，已经不在人世，心里倍感凄凉。然而先生又十分庆幸，他在这里又重新见到了昼思夜想最希望还能见到的人，最希望他们还能活着的人，这就是先生的“博士父亲”瓦尔德施米特教授和他的夫人。这次会面的地方是在一所豪华的养老院里，教授已把他的房子捐赠给哥廷根大学印度学和佛教研究所，搬到这所养老院里来了。重又相逢，老教授夫妇非常激动，先生心里也是波涛翻滚，一时说不出话来。这天师母专为先生烹制了当年在教授家常吃的食品，两位老人齐声说：“让我们好好地聊一聊老哥廷根的老生活吧！”但是，先生又怎能永远在这里待下去呢？先生起身，想告辞离开。老教授以乞求的口吻说：“才十点钟，时间还早嘛！”先生只好重又坐下。最后到了深夜，先生才狠下心来，向他们道了声晚安，告辞出门。老教授一直送下楼，送到汽车旁边，真是难舍难分。先生噙着眼泪，钻进了汽车，汽车开走时，回头看到老教授还站在那里，一动也不动，真像是一座塑像。先生这时心潮翻滚，明确地意识到这是见的最后一面了。先生心想，但愿这座塑像永远停留在自己的眼前，永远停留在自己的心中。（图片选自王树英：《非凡人生：季羡林先生》，新世界出版社2005年版，第46页；图片说明参考了季羡林《重返哥廷根》一文）

1945 年，季羡林先生留德十年后，终于将回到朝思暮想的祖国母亲的怀抱。这一年 10 月，季先生离开了哥廷根，到了瑞士，住了将近半年，然后经法国马赛、越南西贡、英国占领的香港，回到了祖国的上海，临登岸时，季先生思绪万端，悲喜交集。然而初到上海，人地生疏，满目茫然。幸而臧克家正住在上海，便在他家的榻榻米上睡了十几天，又到了南京，在故交、老乡李长之的办公室桌上睡了一个夏天。当时陈寅恪先生也在南京，季先生谒见了他，他让季先生持在德国发表的论文，到鸡鸣寺下中央研究院历史语言研究所去见北大代校长傅斯年先生，当时胡适校长尚留美未返。傅先生告诉季先生，按北大规定，在国外拿了学位回国的人，只能给予副教授的职称。季先生并不在意，那年秋天，季先生从上海乘海轮到秦皇岛，又改乘火车到了北平。北大文学院长汤用彤先生接待了他。到校只过了十来天，汤用彤先生就通知他，他已被聘为北大正教授兼东方语言文学系系主任，自此季先生一直没有离开过北大，连任了东语系系主任三十余年。（图片选自王树英：《非凡人生：季羡林先生》，新世界出版社 2005 年版，第 29 页）

德施米特见面的情景和深夜离别时那依依难舍的场面，谁看了都会潸然泪下。中国有句老话：“一日为师，终生为父”，这也是先生切身的实践体会。

先生从德国留学归来后，1946 年深秋，经陈寅恪先

1930年季先生考进国立清华大学西洋文学系，就在清华求学的时候，先生旁听了寅恪先生的“佛教翻译文学”，给季先生留下了深远的影响，季先生说：“如果没有他的影响的话，我不会走上现在走的这一条治学的道路，也同样是来不了北大。”（季羡林《回忆陈寅恪先生》）1946年季先生回国，是陈寅恪先生把他推荐给了北大。1948年年底，寅恪先生经南京辗转到了广州，从此就定居在那儿。1951年，季先生随中国文化代表团访问印度和缅甸，在广州停留了相当长的时间，便到岭南大学寅恪先生家中去拜谒，相见极欢。此时寅恪先生的目疾日益严重。这以后，针对知识分子的运动一个接着一个，季先生说：“批完了《武训传》，批俞平伯，批完了俞平伯，批胡适，一路批、批、批，斗、斗、斗，最后批判到了陈寅恪头上。”（季羡林《回忆陈寅恪先生》）1969年，寅恪先生离开了人世。季先生在《回忆陈寅恪先生》一文中说：“我不是一个忘恩负义的人。我一向认为，感恩图报是做人的根本准则之一。……专就寅恪师而论，我只有努力学习他的著作，努力宣扬他的学术成就，努力帮助出版社把他的全集出全、出好。我深深地感激广州中山大学的校领导和历史系领导，他们再三举办寅恪先生学术研讨会，包括国内外学者在内，群贤毕至，中大还特别创办了陈寅恪纪念馆。所有这一切，我这个寅恪师的弟子都看在眼中，感在心中，感到很大的慰藉。”（图片选自《人物》2005年第7期，第25页）

1946年经陈寅恪先生推荐，胡适校长、傅斯年代校长、汤用彤文学院院长接纳了季羡林先生进入北大就职。季先生对胡适的知遇之恩，终生不忘。这以后，在20世纪40年代后半期，季先生作为北大东方语言文学系系主任，同作为校长的胡适，经常有接触的机会，向他请示汇报工作，在学术上也经常互相切磋交流。1948年12月中旬，解放军已包围了北平城。12月15日，胡适离开了北大，乘机飞到了南京。两万雄师过大江以后，胡适先是去了台湾，后来又到美国住了几年，并不得志，于是又回到台湾，并被选为中央研究院院长，得到了应有的礼遇。1962年，适之先生猝死于宴席之间。逝世后哀荣备至，中央研究院为他建立了纪念馆，并建立了胡适陵园。1999年季先生有机会访问了祖国的宝岛台湾，还特意去胡适先生的墓前鞠躬致哀，并为之献花扫墓。1996年安徽教育出版社出版了《胡适全集》，季先生为之作序，现概略引述如下："胡适于1910年赴美留学，先学农，后改文学，又改哲学。在文学和哲学中，他如鱼得水，欢游自如，找到了安身立命之地。……胡适于1917年回国……他带回来的是满脑袋的西方，特别是美国的思想……胡适的思想实际上是'全盘西化'的思想。……1917年，胡适的石破天惊的文章《文学改良刍议》，就发表在《新青年》1917年1月号上。这是中国近代'文艺复兴'的第一声响炮，影响深远。……胡适因此以二十多岁的青年'暴得大名'……主宰了当时的文坛和学坛。""在学术研究方面，乾嘉诸老的考据学对他仍有极大的影响。他锐意弘扬自己的'科学方法'。最著名的两句话'大胆的假设，小心的求证'，是他津津乐道而又人所共知的。""胡适认为，国共两党都先立一个'终极真理'，只要求或者只允许人们了解和信奉。这与他的哲学思想直接矛盾，所以他才加以反对。""但是，有一点，我们应该肯定的：胡适是个有深远影响的大人物，他是推动中国'文艺复兴'的中流砥柱，尽管崇美，他还是一个爱国者。多少年来泼到他身上的污泥浊水必须清洗掉。"（图片选自《人物》2005年第7期，第26页）

汤用彤先生，号锡予，曾留学美国多年，学贯中西。当季羡林先生经陈寅恪先生推荐，来北大就职时，锡予先生正任北大文学院院长。季先生到北平的第二天，便由阴法鲁先生陪同，到北大北楼的文学院院长办公室去拜谒汤用彤先生。他给季先生第一眼的印象是面容端严慈祥，不苟言笑，是一位蔼然仁者。当时汤先生身着灰布长衫，脚踏圆口鞋，望之似老农老圃，没有半点洋气，没有丝毫的教授架子和大师威风。当晚，先生设家宴为季先生接风，使季先生充满了幸福之感。从这一天起季先生就成了北大副教授，可是不到一个多星期，锡予先生就通知季先生，他已经被聘为北大正教授兼新成立的东方语言文学系系主任，这完全出乎季先生的意料，季先生心知肚明，这都是出于锡予先生的垂青与提携。季先生一直以没有能成为锡予先生的授业弟子为憾，1947 年，汤先生开“魏晋玄学”这一门课，季先生视此为天赐良机，征得汤先生的同意，成了他班上的最忠诚的学生之一，一整年没有缺过一次课，并工整地做了听课笔记，季先生自认为是锡予先生的私塾弟子，了却了夙愿。锡予先生对季先生的关心是多方面的，当时北大有文、理、政、法、农、工、医六个学院，各设院长一人，文学院全由汤用彤先生一人说了算，是位一言九鼎的人物，但他为人正直、秉公办事，当时汤先生还帮季先生在学校图书馆要了一间教授研究室，把要用的书都从书库中提到研究室里，又派了一位研究生马理女士当季先生的助手，为他整理书籍，季先生写出文章后，首先送给锡予先生，请求指正。季先生知道，他之所以有今天，与锡予先生的提携是分不开的。1964 年，汤用彤先生逝世，季先生认为，汤用彤先生是最亮的光点，一直照亮他前进之路。（图片选自《人物》2005 年第 7 期，第 27 页）

季羡林先生和著名诗人臧克家是有着六十多年友谊的老朋友了。1945 年回国到上海，就是住在克家先生的家里，两人抵足而眠，畅叙友情。到了北京后，每年春节初二那天，季先生总是要从西郊横穿北京城，赶到东城克家先生的寓所，与他欢晤叙谈。季先生还特意写了一篇文章《我的朋友臧克家》，谈了他六十多年来对臧克家的印象，文章中他着重讲了两点：第一是他认为克家先生是一个讲道德的正直的人，是一个真正的人，他是一个像火一样热情的诗人，对朋友忠诚可靠，终生不渝。其次季先生说到克家先生的诗，认为他的诗非常重视艺术性，在炼字炼句方面，倾注了毕生的心血。

生的推荐，北大校长胡适、代理校长傅斯年、文学院院长汤用彤都欣然接纳了他，让他当了东语系系主任。先生自己说："过了至多一个星期，他（按：指汤用彤先生）告诉我，学校决定任我为正教授，兼文学院东方语言文学系系主任。……我感愧有加，觉得对我是一种鼓励。"先生始终没有忘记这种知遇之恩。

1999年春，在先生望九之年，他有机会访问了祖国的宝岛台湾。在此期间，他听到适之先生晚年任中央研究院院长时还经常跟年轻的研究人员谈起，做学问应该像北京大学的季羡林那样，季先生乍听之下，百感交集，没想到适之先生一直到晚年还关注着自己的学术研究，知己之感，油然而生，就趁这次访问的机会，特意拜谒了胡适先生的陵墓，为之祭扫献花，在墓前鞠躬行礼，并于1999年5月14日撰写专文《站在胡适之先生墓前》。与此同时，季先生还去了傅斯年先生的墓地前献花祭扫。

先生是在1946年春夏之交，经法国马赛和越南西贡，又经香港，回到了上海。当时住在经由同乡老友李长之介绍而认识的同为老乡的著名诗人臧克家的家中，两人席地而坐，抵足而眠，真是一见如故，亲如家人。1949年3月臧克家、郑曼伉俪自香港来到刚解放的北平，便首先到翠花胡同季先生的住处拜访，此后双方过从甚密。冯至先生去世后，郑曼谈到了季先生的长篇悼文《哭冯至先生》，她读着读着，不觉泪流满面，情不自禁地给季先生写了一封信，信中说道："……拜读大作《哭冯至先生》，使我热泪盈眶，久久不能平静！……他地下有知，读到您如此亲切诚挚的悼文，也会含笑九泉的。"1996年4月，臧克家为贺季先生八五华诞，专门写了一首诗赠季先生，诗的全文如下：

## 长年贡献多
### ——贺羡林老友八五华诞

满头白发，根根记录着你的寿长，
标志着你的业绩受到众多的赞扬。
你兼有诸家的同能，你的独秀孤芳，
有几个能够赶上？
海外十年，心系祖国，艰险备尝，
写下的日记何只万行？
你的人，朴素非常，
你的衣着和你的人一样。
天天跑图书馆，习以为常，
你珍惜每一寸时光。
你学识渊博，对中西文化，
最有资格比较衡量。
你潜心学海，成绩辉煌，
探得骊珠，千秋万岁放光芒！

郑曼也在此时写了一篇文章《我崇敬的羡林先生》，文中谈到他们的交往情况：“‘文化大革命’以后，来往多些。所谓来往，也是有来无往。克家比季先生大六岁，身体又不好，去北大犹如‘长征’。每年正月初二，都是季先生

季先生与张中行先生（中坐者）、范用先生（左一）相聚在一起。张中行先生和季先生都是老北大，后来又同居住在北大朗润园。两人散步时经常见面，谈一些学术界的情况，或者谈一谈读了什么有趣的书。可是后来中行先生又乔迁新居，季先生无限惆怅，产生一种失落感。季先生十分欣赏中行先生所写的文章，认为他怀着浓烈的“思古之幽情”，信笔写来，娓娓动听，其文如行云流水，情趣盎然。季先生赞颂中行先生是高人、逸人、至人、超人，他淡泊宁静，不慕荣利，淳朴无华，待人以诚，代表了中国知识分子，特别是老年知识分子的风貌。范用先生是书界、编辑出版界的一代大家，为了多出书，出好书，他奉献了毕生的精力和心血。1959 年起先后任人民出版社副社长、生活·读书·新知三联书店总经理、中国出版工作者协会第一、二届理事。1985 年年底离休后，仍在编稿、著书，给出版社推荐稿件、设计封面。他编的书，设计的书，影响着整个中国出版界，被尊为“大家”。（范用编：《存牍辑览》，三联书店 2015 年版）

来，……好几次还带来‘老祖’手制的家乡菜。他们在一起，忆往事，叙友情，古今中外，天上地下，无所不谈；我则备点菜肴为他们助兴。这是克家最快慰的时刻，也是我们全家

1980 年季羡林教授参加中国大百科全书外国文学卷的审稿会，在莫干山与朱光潜、冯至等合影。前排右一为季羡林先生，前排左二为朱光潜先生，第二排左四为冯至先生。季先生一直把朱光潜先生视为自己的业师，20 世纪 30 年代初，季先生在清华大学西洋文学系念书时，曾选修了朱光潜先生的“文艺心理学”这一门课，认真地听了一年，季先生说他并不是一位口若悬河的演说家，但在课堂上，他没有一句废话，每句话都清清楚楚，让别人一听就懂。他老老实实，本本分分，自己认识到什么程度就讲到什么程度，一步一个脚印，绝不哗众取宠。季先生从事比较文学和文艺理论的研究，就是受了朱先生这门课的影响。“文化大革命”期间，即使是在艰苦的环境里，朱先生也不忘锻炼身体，早晨还打太极拳，足见朱先生执着于生命，坚决要活下去。“四人帮”垮台后，天日重明，朱光潜先生以古稀之年，重又抖擞精神，从事教学和科研，他翻译了内容艰深的黑格尔的《美学》，能承担这一翻译工作的，并没有第二人。他给我们留下了宝贵的财富，得到了学术界的赞扬。季先生认为，朱光潜先生是实现了生命的价值的。至于冯至先生，季先生视为自己的知己，季先生引用古人的话说：“人生得一知己，足矣。”对抒情诗人冯至先生，季先生是心仪已久了。冯至先生长季先生六岁，季先生去德国时，冯先生已离开了那里。直到 1946 年，两人才见了面，季先生在北大东语系，冯先生在西语系，两系的办公室紧挨着，见面的机会就多了。20 世纪 50 年代，两位都成了“社会活动家”，经常活动在一起开会，所参加的会，仅举其大者，就有《世界文学》编委会，中国作家协会，全国人民代表大会，国务院学位委员会，《中国大百科全书 外国文学卷》编委会，中国外国文学研究会，中国社会科学院文学研究所学术委员会，外国文学研究所学术委员会，等等。在漫长的开会历程中，两位经常住在一间屋中，无话不谈，对时事，对人物，对社会风习，对艺坛奇闻，两位意见完全一致，直抒胸臆，尽兴而谈，两人的友谊就贯穿在这些五花八门的会中，历久不衰，与时俱增。（图片选自王树英：《非凡人生：季羡林先生》，新世界出版社 2005 年版，第 111 页）

最高兴的一天。”臧克家逝世后，有一次郑曼和女儿苏伊去 301 医院探望季先生，后来季先生让助手杨锐老师给郑曼寄了他新出的书，题签“郑曼大姐”。在通电话时，郑曼笑着说：“我比你年纪小，怎么称我大姐？”季先生风趣地说：“不称你大姐，难道还叫你小妹不成。”

季先生是个重感情的人，其实他何止只写了《哭冯至先生》一篇悼文，他对已故去的所有老师如吴宓、汤用彤、郑振铎、陈寅恪、叶公超、冯友兰、朱光潜等先生都写有追思的文章；对先他而去的知交故友如胡乔木、吴祖缃、李长之、赵朴初、王力、周一良、邓广铭、张岱年等先生也都写有悼念文章。这些文章篇篇是真情流露，字字珠玑，每篇都不是简单地用笔墨写成，而是交织着先生的血和泪。

值得一提的是，先生结交的绝不仅止于学术界、教育界人士，他的生活宗旨是广交友，多结缘。这里仅举两例，以见一斑。先生与表演艺术界知名人士黄家三兄妹，即宗汉、宗江、宗英都有交往，电影表演艺术家、作家黄宗英还曾送给季老一篮电动玩具。我们去季老家拜访时，他也曾拿出来给我们观赏，只见篮子里摆放着小猫、小狗、小鸡、小鸭，还有小人儿，机器一发动，全都又蹦又跳又笑又叫，季老看着这，对我们笑着说："黄家小妹宗英真是童心未泯"。还有一次台湾著名影星林青霞女士到医院病房探望季老，并赠送一条羊绒围巾，作为纪念。

## 季老对吾儿晓鸿的关爱

季爷爷是从小看着我（这一节中的“我”均是晓鸿自称）长大的，他对我的教诲和影响，使我受益终生，永志不忘。

我认识季羡林爷爷，大概是在1963年前后。那时我还是一个四五岁的孩童，我家当时住在北大朗润园11公寓，父母经常把我带到住在13公寓的季爷爷家里玩耍，我一刻不停地来回在他家乱跑乱蹦，出奇的调皮，一会儿揪一揪花盆里面的花，一会儿追着他的爱猫到处跑，季爷爷称我是“北大调皮第一”。那时季爷爷身体很强壮，在我眼里，他的形象特别高大。他身穿灰旧的中山装，说话很慢，但和蔼可亲。他非常喜欢我，经常拿些糖果和小玩具给我。我见了他，也不害怕，每隔几天，总吵着去他家玩。1966 年爆发了“文化大革命”，季爷爷进了牛棚，由于年幼，我只知道季爷爷被那些造反派称为“反动学术权威外加走资本主义道路的当权派”，但他在牛棚中所遭受的屈辱以及心灵深处的伤痕，我是根本不知道的。没过多久，我父母也被下放到干校劳动，我被寄养在天津二大伯家，我再也没去过季爷爷家，也失去了他的消息。1974 年我参了军并入了党，这时“文化大革命”刚刚结束，我迫不及待地打听到了季爷爷的消息，得知他已被“解放”。季爷爷也知道了我已经参军入党，非常感慨地说：“晓鸿真是穷人的孩子早当家呀。”季爷爷引用了《红灯记》中李玉和的这句话，用意我很清楚，一是讲我父母作为他的学生，与他一样都是穷学生；二是讲过去调皮的我现在有出息了，这是对我很大的鼓励。而那时我对季爷爷的了解确实不深，我真正逐渐了解体会到季爷爷的高尚人品和大家风范，还是在 20 世纪 80 年代末期我担任部队基层领导干部之后。

那时季爷爷已是七十岁高龄，除了每天繁重的行政事务性工作外，仍是笔耕不辍，清晨四时起床便伏案读书写作。由于在牛棚时留下的风湿老寒腿病根，经常疼痛，夜里、中午都需要服安定片才能入睡。后来我专门从部队帮他要了一

季先生看见我帮他到荣宝斋刻的“三〇一编外”印章时，连声称赞：“好！好！”（秀敏／摄）

身老式的绒衣绒裤，他穿上后笑哈哈地说：“这下我变成军队老干部了，我又胖了一块。”有一年春节，我看季爷爷仍穿着一件旧式老棉衣，就让我们卫训队队长杨阔委托他母亲用了几天时间帮季爷爷手工缝制了一件唐装式的加厚棉衣，杨阔也是山东人，离季爷爷家乡临清很近，当我给季爷爷送去棉衣并告诉他这是山东老家人给做的时，他无限深情地说，我穿上一定会更暖和了。季爷爷一生都非常简朴，经常说自己是吃红高粱饼子喝盐水长大的，小时候受的苦可以使人终生受用不尽，他吃饭就从不浪费和挑剔。有一次我将亲手为他做的油焖大虾和红烧肉送到 301 医院，并叮嘱他少吃点红烧肉以免引起血脂高。后来工作人员告诉我，季爷爷那天竟一次吃了两只大虾，六块红烧肉，边吃边说：晓鸿做得真香。

季爷爷在301医院一共住了四次，最后是长期住院，与医护人员结下了深厚情谊，对医院的领导和医生护士始终怀着感激之情，总说他的命是解放军总医院给的，他称赞301医院是“高医德、高医风、高医术”。记得是2001年冬天，季爷爷因尿血第一次住进301医院，在南楼电梯口遇见了副院长，季爷爷带的书和其他物品很多，副院长就帮着季爷爷拿了一大捆书和行李送到病房。后来护士告诉他，这是分管南楼的副院长时，季爷爷连声说：不好意思，谢谢了，谢谢了！季爷爷患左腿骨髓炎手术时，医院派了最好的医生，做了充分准备，医院的领导一直在手术室坐镇指挥，直到手术成功结束。2004年季先生九十三岁生日那天，301医院的领导自己掏

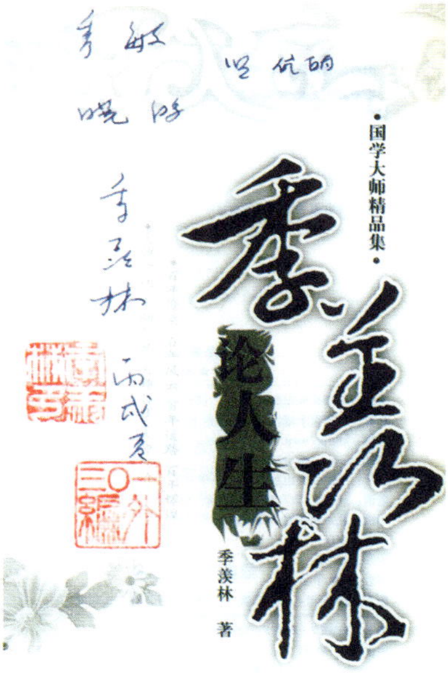


季先生在亲笔题签赠给晓鸿的《季羡林论人生》一书的扉页上，第一次使用了“三〇一编外”这枚印章。题签时他还诙谐地说：“要尊重女同志，你爱人秀敏的名字要放在上边。”（晓鸿 / 摄）

季先生对我们的孩子晓鸿也十分垂爱，关怀备至。2006 年春，当先生得知晓鸿要出版一本诗词摄影集时，欣然挥毫命笔，题写了《晓鸿诗词摄影集》书名，还作序鼓励："少年淘气不羁，青年艰苦努力，中年奋斗不息，终将成为大器。晓鸿勉之。摄影之妙无穷，咔嚓一声，刹那变为永恒。"

了 600 元钱，给季爷爷做了寿面、燕窝送去。

季爷爷不止一次地讲："我编制在北大，但是，是 301 编外。"2006 年 2 月，我去看他，他把我叫到他身旁，轻声对我说："晓鸿，我请你办件事"，我赶紧说，您尽管吩咐，他说让我帮他刻一个"三〇一编外"图章，可见他对 301 医院感情之深，与 301 医护人员的关系真可谓水乳交融。第二天，我马上到荣宝斋选了一块有双龙图案的鸡血石雕刻了"三〇一编外"。我把印章给季爷爷送去时，他非常高兴，先

《晓鸿诗词摄影集》出版后，作者兴奋地来到 301 医院季先生的病房，将书敬呈给季羡林爷爷。

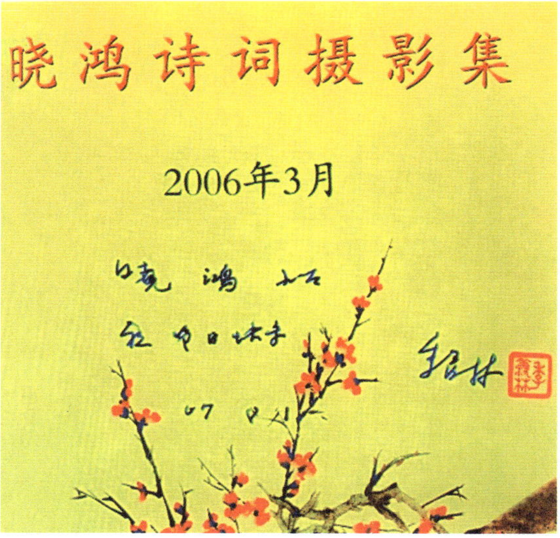


季先生为晓鸿题词，祝他八一节“节日快乐”。（晓鸿 / 摄）

季羡林先生为《晓鸿诗词摄影集》题词，题词内容见后。（秀敏／摄）

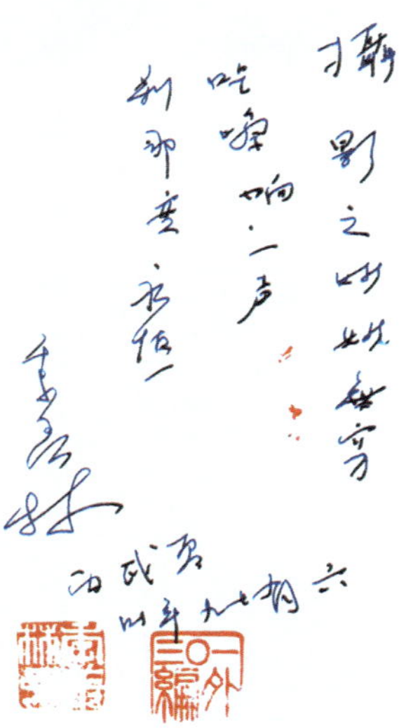


季先生96岁高龄时，给晓鸿诗词摄影集的题词作了一些修改，他说“摄影之妙妙无穷，咔嚓响一声，刹那变永恒”加一个“妙”字，加一个“响”字，去掉一个“为”字，押韵。（晓鸿／摄）

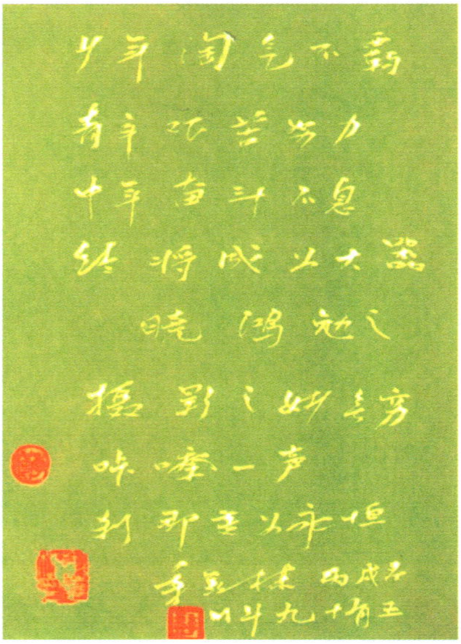


季先生在95岁高龄时，为晓鸿的诗词摄影集作序，对他褒奖有加，令晓鸿终生难忘。（晓鸿／摄）

是仔细拿着印章用手抚摸着看，后又拿放大镜看印在宣纸上的字样，连声说：好！好！他对助手说：“把新出版的两本书拿来，我要送给晓鸿。”两本书，一本是《季羡林论人生》，另一本是《阅尽沧桑》。他给我签完名后，兴奋地说，今天我要给你盖上“三〇一编外”的印章。我非常激动，季爷爷第一次使用“三〇一编外”印章盖在赠给我的书上，我感到十分庆幸。后来季爷爷在《病榻杂记》中，这样称赞301医院：“301是中国的标志，301是中国的符号，301是中国的光荣，301是中国的骄傲。我能够在此养病，也分得了光荣一份，既治好了我的病，也治好了我的心。”

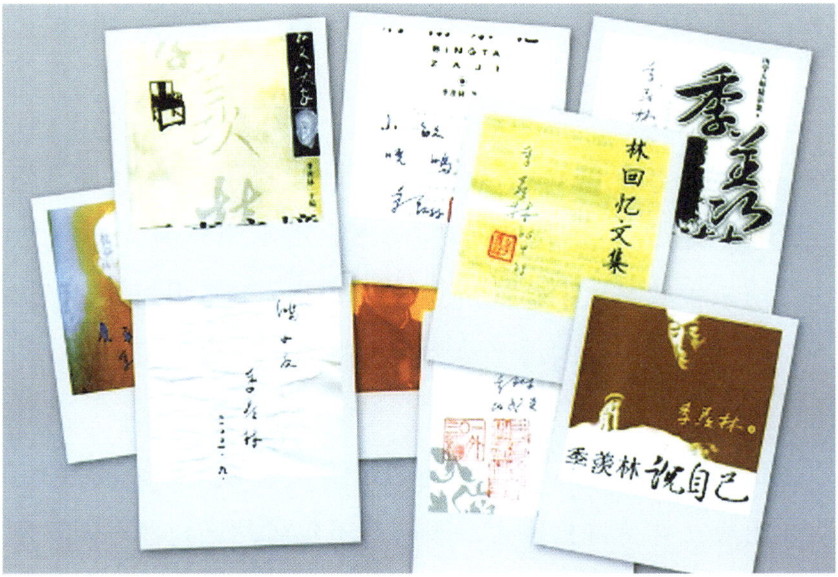


近年来，季先生出版的散文集、杂文集、回忆录等文集，都要亲笔题签赠给晓鸿小友。（晓鸿 / 摄）

季爷爷对我的影响，不仅表现在平时工作中的谆谆教诲，而且体现在他对如何做人，怎样做人；一个人的人生轨迹，在顺境、成功、受挫、逆境中应该怎样，一个人的道德底线应该维持在哪儿；怎样对待金钱、仕途，对待亲情、友情等人生观上。季爷爷在《八十述怀》一文中这样写道："'十年浩劫'以后，我成了陶渊明的志同道合者。他的一首诗，我很欣赏：

纵浪大化中，
不喜亦不惧。
应尽便须尽，
无复独多虑。

我现在就是抱着这种精神，昂然走上前去。只要有可能，我一定做一些对别人有益的事，决不想成为行尸走肉。我知道未来的路也不会比过去的更笔直，更平坦。但是我并不恐惧。我眼前还闪动着野百合和野蔷薇的影子。"

近几年，尽管已患病住院，但季爷爷仍然不断有新作出版，他每一部新著都要亲笔题名送给我学习。2006 年夏天，我要出版一本诗词摄影集，季爷爷不仅欣然亲自题写了《晓鸿诗词摄影集》书名，还作序鼓励：

少年淘气不羁
青年艰苦努力
中年奋斗不息
终将成为大器
晓鸿勉之

摄影之妙无穷
咔嚓一声
刹那变为永恒

季羡林
时年九十有五

他对我说："你是北大调皮第一，现在终成大器了。"他对我厚爱有加，令我十分感动。季爷爷自己从来不玩相机，但我们每次去拜访他时，他都要让我们带上相机和他一起照相留念，他十分重视摄影，认为摄影是人的一生宝贵的记录。此书出版后，我专程给季爷爷送去，并在扉页上写道：

关爱之恩永不忘
顽童变成好儿郎
传承祖辈报国志

## 毕生为民奉献忙

后来，有一次我去探望季爷爷，他对我说，晓鸿你过来，我给你写几个字，他把给我诗词摄影集作的序的后半段话改写了一下：摄影之妙妙无穷，咔嚓响一声，刹那变永恒。他说加一个“响”字和“妙”字，去掉一个“为”字，押韵。96岁高龄的季老，才思还是那样敏捷，遣词造句，字斟句酌，精益求精。他还提出了他的和谐说，认为和谐不仅是人与自然、人与社会要和谐，人本身自己的内心世界也要和谐，要建设和谐社会，首先是每个人都能做到内心的和谐。这一观点得到了广泛的关注和高度的认可。

季爷爷对我人生的轨迹的影响是非常大的，他总说做人要真情、真实、真切，他将“三真”作为自己做人做事的原则。除了这三真以外，我觉得他的骨头是最硬的，《牛棚杂忆》这本书中充分体现了这一点。这么多年来，无论我身处顺境还是逆境，都是以季爷爷为榜样。我时刻提醒自己：“淡泊以明志，宁静以致远”。

# 最后的诀别

季老为人

不完满才是人生

“未名四老”之一的张中行生前曾在《负暄三话》中写到，“季先生以一身而有三种难能：一是学问精深，二是为人朴厚，三是有深情。”

《负暄三话》中有这么一个著名的段子：某一次开学，新生来校，带着行李在校门下车，想去干什么，行李没有人照看，恰好一位白发、苍老、衣着陈旧的“老工友”在附近，便招呼“老同志，给我看一会儿！”老先生说“好”，就给他看看。直到开学典礼，学生才发现“老工友”竟是“校长”。

在他家工作过的保姆要读书，季羡林汇款一张：“这些钱助你读书，都是爬格子所得，都是干净的。”直至老年，他都坚持往山东自己的家乡小学寄钱寄书。

前些年，北大曾接受了一笔大捐赠，来自于季羡林。这笔捐赠中，仅古字画就以百计。据透露，“季羡林收藏的最底线是齐白石，这些藏品中甚至有苏东坡的《御书颂》。”除却字画，赠品还包括古砚、印章、善本，以及他毕生的稿费。

于他人慷慨，他的个人生活却是简朴的。张中行曾写道，在北大，他的装束远远配不上他煊赫的头衔。“一身旧中山服，布鞋，如果在路上走，手里提的经常是个圆筒形上端缀两条带的旧书包。”

这位素朴的老者，在当下这个讲究包装的年代，成为了稀缺品。以梵文为专业的他，甚至被戴上了“国学大师”的帽子。于是，他在安卧病榻写就的《病榻杂记》里，一口气辞去了“国学大师”、“学界泰斗”、“国宝”三顶帽子，此后欢呼：“身上的泡沫洗掉了，露出了真面目，皆大欢喜。”

季羡林平生最敬仰4位前辈：陈寅恪，倡导“独立之精神，自由之思想”；胡适，力举“大胆假设，小心求证”；梁漱溟，“三军可夺帅也，匹夫不可夺志”；马寅初，“宁为玉碎，不为瓦全，宁鸣而死，不默而生”。季羡林曾与巴金、臧克家等朋友相约，“何止于米(88岁)，相期以茶(108岁)”。可惜，他们谁也没有做到。生前，他在文中写道：“每个人都争取一个完满的人生。然而，自古及今，海内海外，一个百分之百完满的人生是没有的。所以我说，不完满才是人生。”

■文/本报记者　朱玲

《北京青年报》记者朱玲以“季老为人”为题撰文悼念季老。其中特别提到季羡林先生曾向北大捐赠数以百计的古字画，藏品中甚至有苏东坡的《御书颂》。除却字画，赠品还包括古砚、印章、善本以及先生毕生的稿费。（图片选自《北京青年报》2009 年 7 月 12 日）

2009年7月11日早上九时，先生因心脏病突发，不幸猝然谢世，西去他的野百合和野蔷薇花盛开的地方，重又与先他而去的亲朋师友聚首一堂。北大连夜在建校百周年纪念讲堂抢设灵堂。7月12日，学校广大师生以及社会各界人士都赶来灵堂悼念先生。德五也前往百年纪念讲堂，随着滚滚人流进入灵堂，沉痛哀悼先生的去世。

7月19日，先生遗体在北京八宝山革命公墓火化。北京大学组织了25辆大巴，往返运送师生前往八宝山送别季羡林先生，其中还有清华大学及其他单位的一些车辆。每辆大巴都标有“季羡林先生遗体告别仪式”的黑体字样，并标示了车辆编号。

这天上午，公墓礼厅前，在开放前两小时就已挤满了人，原文化部部长高占祥、中国作协主席铁凝、著名书画家范曾、北大经济系教授、著名经济学家厉以宁、著名表演艺术家六小龄童等先生生前好友和社会各界人士都前来送别先生。许多人手里举着先生最喜爱的莲花，也有不少人手捧《留德十年》、《牛棚杂忆》等先生的作品文集，更多人手里举着季老的遗像，神情肃穆地排成长队等候进入礼厅。德五也满怀悲痛地排在二三百米长的队伍中。礼厅开放后，长长的队伍鱼贯而入。只见礼堂正厅上方悬挂着黑底白字的横幅“沉痛悼念季羡林先生”，横幅下方是先生的遗像，先生遗体安卧在鲜花翠柏丛中，身上覆盖着鲜红的中国共产党党旗。

学界大师季羡林先生于2009年7月11日早上9时因心脏病突发，抢救无效，猝然去世。北大领导闻讯很快赶到医院，商讨了治丧事宜。当晚8点左右，北大百年讲堂门前运来数根金属架，十余名工人连夜布置灵堂，于12日凌晨布置完毕，上午即可接受吊唁。（图片选自《北京青年报》2009年7月12日，该报记者陈栢/摄）

北京大学于2009年7月12日起在北大百周年纪念讲堂纪念大厅设立季羡林先生灵堂，接受先生生前好友、广大师生和社会公众吊唁。本书作者之一宣德五也满怀悲痛随如潮人流前往悼念。（图片选自《北京青年报》2009年7月12日，该报记者王鼎/摄）

季羡林先生遗体于7月19日在北京八宝山革命公墓火化。礼堂大门上方悬挂着黑底白字“沉痛悼念季羡林先生”横幅，大门两侧挽联写着“文望起齐鲁通华梵通中西通古今至道有道心育英才光北大”、“德誉贻天地辞大师辞泰斗辞国宝大名无名性存淡泊归未名”。（晓鸿／摄）

7月19日上午在八宝山革命公墓举行了季羡林先生遗体告别仪式，先生生前好友和社会各界人士数千人前来送别季先生最后一程。（晓鸿／摄）

山东聊城数千名大学生于 2009 年 7 月 11 日晚在烛光中追思季先生。（图片选自《北京青年报》2009 年 7 月 12 日）

山东聊城数千名大学生高举横幅沉痛悼念季先生的去世。（图片选自《北京青年报》2009 年 7 月 12 日）

季先生故乡山东也有大批民众千里迢迢来送季先生最后一程。（晓鸿 / 摄）

山东泰山研究所的同志手捧悼念词，赶来送别季先生。（晓鸿 / 摄）

礼堂庄严肃穆，哀乐低鸣。德五跟随着队伍进入礼堂，在先生遗体前深深地三鞠躬，心里默祷着愿先生一路走好，悲痛

前来参加告别仪式的群众，有的手举季先生生前最爱的荷花，有的手拿季先生的遗像，一个个心怀悲痛，神情肃穆。（晓鸿 / 摄）

前来参加告别仪式的群众排成足有二三百米长的队伍，等候着进入公墓礼堂。（晓鸿 / 摄）

前文化部部长高占祥同志（右）神情肃穆地前来参加季羡林先生遗体告别仪式。（晓鸿 / 摄）

著名经济学家、北京大学经济系教授厉以宁先生（中）也前来送别季羡林先生。（晓鸿 / 摄）

季先生的高足、我国驻韩国首任大使张庭延和夫人谭静前来公墓礼堂参加季羡林先生遗体告别仪式。（晓鸿 / 摄）

时任中国佛教协会会长的一诚大师在年轻僧人的搀扶下也前来参加告别仪式，送老友季羡林先生最后一程。（晓鸿 / 摄）

季先生生前好友、著名书画家范曾先生（前排右三）也排在群众队伍中，前来送别季先生。他说："对于季先生，我是崇拜的，他很了不起，为人刚健，从不讲违心之言，这一点很难得。"范先生还强调，季先生始终主张以"和"为贵，"他不会有任何一个私敌"。"季先生非常勤俭、刻苦，为人方正、正直。"范先生认为季先生是北京大学的一个象征，是中国学术界一个承上启下"桥梁式"的人物，他的离去无疑是中国学术界的一个"巨大损失"。范先生说他与季先生交往凡二十年，在所有方面，季先生都是他的典范和导师，在困惑时季先生犹如启明灯，使你豁然开朗；在艰难时，会毫无顾忌地援之以手。季先生生前曾这样评价范曾先生，他谈他认识范曾有一个三部曲：第一步认为他只是个画家，第二步认为他是一个国学家，第三步认为他是一个思想家。在这三个方面，他都有精湛深邃的造诣。（晓鸿 / 摄）

据《北京青年报》2009 年 7 月 20 日 B6 版记者罗皓菱报道，六小龄童在接受采访时讲述了与季先生的一段渊源，他说："我对季先生敬重，因为他是最早把印度《罗摩衍那》的故事翻译成中文的人，他也认为孙悟空的血管里流淌着'哈努曼'的血。"他边说边伸出手向记者展示手指上戴着的印度猴王"哈努曼"形象的戒指，"同时季先生对玄奘大师的一生包括他的大唐西域的作品的推介作了很多很多的贡献，对梵文的研究包括他的学术上具体的成就是有目共睹的。""我希望他在天堂能实现他所有的梦想。"季先生于 2006 年曾送给六小龄童一本他题写书名并作序的手抄本《西游记》全册。上图中右立者为原北京军区战友文工团知名曲艺演员陈秀敏。（晓鸿 / 摄）

的泪水夺眶而出。

先生离开我们至今已八年有余，但他的音容笑貌还时刻在我们的脑海萦绕，他的言传身教牢牢地铭记在我们的心

中国作家协会主席铁凝（左三）也无限悲痛地前来与季羡林先生告别。她说季先生是她心目中的大师，“我现在非常哀痛，他值得我们后人思考的东西太多了。”据铁凝介绍，季先生最后写下的题词可能是“庆祝作家协会60周年”，她说：“他对当代作家和当代文学的那种关爱、期待和期望非常宝贵，他在去世前夕专门写了这个题词，老人的手已经颤抖了，所以看到这个题词，留给我们的思考的分量是非常重的。”（据《北京青年报》2009年7月20日记者罗皓菱报道。晓鸿／摄）

头，他宝贵的精神财富以及他那不朽的著作将万世流芳，永垂千古。

季羡林先生遗体告别仪式礼堂前，到处都放置着先生生前最喜爱的荷花。（晓鸿 / 摄）

季先生的学生、本书作者之一宣德五在青年朋友谢家宏同志的陪伴下，也来到公墓礼堂，排在群众队伍里等候进入礼堂正厅向恩师作最后的告别。前排左二为宣德五，前排右二为谢家宏，季先生生前他曾多次前往 301 医院探望。（晓鸿 / 摄）

# 结束语：老师，您在爱中永生

老师，您在天堂好吗？您可知道，地上有成千上万双眼睛在仰望着您，在怀念着您！

我仍然像您健在时一样，每个月都要去301医院换一次肾导管，这样，就使我每个月有一次机会经过您住过的南楼病区的小马路。每当我踏上这条马路，我的眼前就会浮现出您慈祥的笑容，耳边就会响起您亲切的声音，我仿佛听到您高兴地说着，“张明惠，你们来啦，快进来坐。”因此，每个月我都殷切地盼望着去301医院的这一天，因为这会勾起一桩桩一件件刻骨铭心、令人难忘的往事，使我感到莫大的慰藉；另一方面，我又很怕去301医院，因为天上人间，相隔茫茫，我永远不可能再见到您了，这使我感到无限的悲痛。

老师，您一定还记得的。以前每年7月20日后我都要前去给您拜寿。2009年我也按往常的惯例，为您准备好唐装棉袄和您爱吃的食品，打算在7月20日后带着这些寿礼前往301医院去给您拜寿。出乎意料的是，7月11日，我突然听到电台广播，说您已于当天早上9时因心脏病突发，溘然长逝。这犹如晴天霹雳，把我们都惊呆了。我双手发颤，泪如雨下，心在滴血。我用血和泪赶写了一首送师远行的小诗，沉痛悼念恩师季羡林先生：

“老师
为什么您走得这样匆匆忙忙
为什么二十个日夜都等不及
您却驾鹤西归到了天堂
曾记得已约定给您拜寿
生日礼物早已准备停当
怎奈人间黄泉相隔渺茫
千万遍呼唤总无回应
悲痛欲绝兮哭断肝肠

老师

人去屋空向谁请教人生

拜寿堂换成了追思灵堂

祝寿词变成了祭吊挽联

声已哑心已碎热泪千行

五十八年亲承呵护关照

迷途羔羊不再犹豫彷徨

秉师训做好人战胜疾病

有分热发分光珍惜夕阳

……”

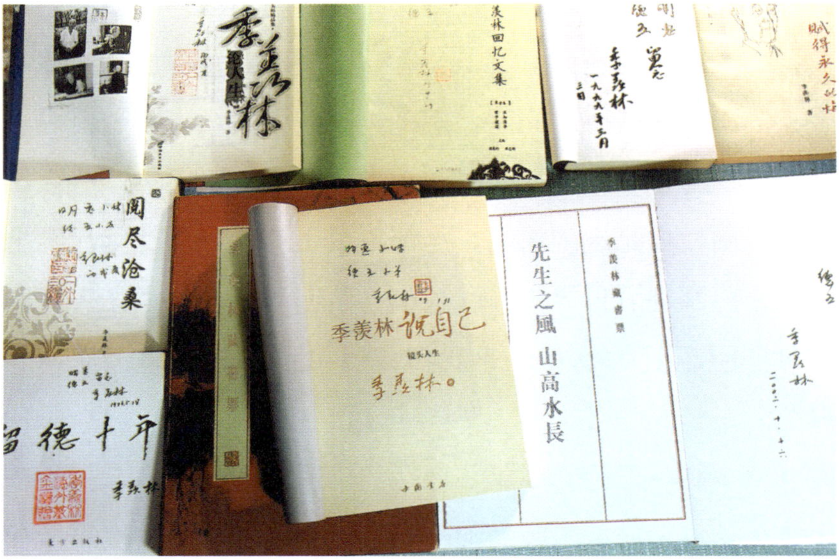


图为恩师季羡林先生亲笔题签赠给我们的部分著作。

这就是我当时悲痛心情的真实写照。

从1951年春到2009年夏，整整五十八个春秋，在那悠悠岁月里，有多少往事令人刻骨铭心，又有多少谆谆教诲令人铭刻肺腑。老师啊，您可记得，在我迷茫彷徨的时候，是您为我指明道路，点燃了希望之光；在我消极痛楚之时，是您给了我莫大的鼓舞，为我指引前进的方向；在我悲观失望的时候，是您用切身的经历启迪我，要我乐观向上。特别是2004年我患癌症动了手术后，您更是关怀备至，多方照料，让您的助手给我写信，叮嘱我要随遇而安，坚强乐观。在我出院向您道别时，您还用北大的信笺亲笔给我写了“张明惠长命百岁，青春永驻”，盖上名章，压上塑料薄膜，赐赠给我，使我战胜癌魔的信心倍增，心态日趋平稳。

出院后，每逢元旦春节、五一国庆、八月寿辰，我们都要去301医院探望。先生，您走过康庄大道，也走过崎岖小路；您住过豪华宾馆，也蹲过疯狂黑暗的“牛棚”，不管是狂风暴雨，还是电闪雷鸣，您都不惧不惊，岿然伫立在泰山之顶，冷眼观看世界，高瞻远瞩，缜密思考，探索人生。您这种坚强乐观的精神，为我们作出了榜样，是为人师表的典范。

从2001年到2009年，您在301医院住院治病，长达八年之久，可是您从未呼痛呻吟过，您完全不把多种疾病挂在心怀，而是把病房当作了书房，伏案写作，笔耕不辍，每有新作出版，总是让助手打电话通知我们，您事先亲笔题签，盖好名章，等候我们去取。可惜当时我没有认真学习，不懂的地方来不及向您请教，这是我终生的悔恨。您的学术性著作，我看不懂，不敢问津，但是我非常喜欢您的散文。读先生的散文，那完全是一种美的享受，让人爱不释手，宛如置身绿野，陶冶情操。您写散文已有七十年的历史，字数多达数百万，脍炙人口。您的散文不像牡丹那样雍容华贵，也不像玫瑰那样芬芳馥郁，它像一束清雅的芝兰，发出阵阵幽香，沁人心脾，令人神往。

您的老友、著名诗人臧克家先生有段名言：

“有的人活着，
他已经死了；
有的人死了，
他还活着。”

您虽然离开了人间，可是您为人世留下了享之不尽、取之不竭的精神遗产；您的品德风范，高山景行，世人仰慕。您的一生是非凡的一生、光辉的一生。您为我们树立起一座光芒四射的心碑，千秋万世，永垂不朽！老师，您永远活在我们心中。

您怀着一颗炽热的赤子之心，热爱祖国，关怀人民，眷恋故土，恪尽孝道。您坚持真理，公正不阿，尊师重教，桃李成林，关爱学生，崇敬友人，著译等身，满园奇葩，淡泊名利，不计回报，勤俭朴实，乐于助人，奉献一生，无怨无悔。因此，您赢得了亿万中国人民和环球国际人士的无比崇敬，无限爱戴。

季老在爱中永生!

# 附　录

# 明惠敬献给羡林恩师的小诗文

## 谢师歌

——敬贺羡林恩师九十华诞

老师，
您曾为我悲伤，
您恨铁不成钢。
三十载星霜，
历尽沧桑，
我重新出现在您身旁。
您的恩泽雨露，
使我受创的身心复康。

您的亲切关怀，
为我点燃了希望之光。
您的谆谆教诲，
激励桃李握笔重谱新章。
您的治学精神，
鞭策驽马奋蹄奔前方。
您的为人风范，
堪称楷模令人敬仰。
您的知识宝库，
为莘莘学子指明航向。

老师，
您九旬高龄，
视力不佳，
您著译等身，
满园奇葩，
却仍然是，
闻鸡起舞，
笔耕不辍。
我会遵循您的言传身教，
在无涯的学海里再求索，
哪怕是微弱的一线余光，

也使它闪烁在译界之窗。

老师，
请莫再为我悲伤，
我已旧貌换新装，
但愿能看到您的微笑。
老师，
您对学界的贡献，
有口皆碑，
万世流芳。
您对我的恩典，
千言万语，
难以言表。
欣逢寿庆，
虔诚默祷，
敬祝吾师，
福寿无疆！

## 敬贺羡林恩师执教五十周年（对联）

呕心沥血五十载

栽培桃李万千人

横批：

功德无量

# 永世难忘恩师情

## ——敬贺羡林师九秩大庆

1951年春我进入北大东语系，荣幸地成为季先生的门下，弹指一挥间，已有50个寒暑。从1951年春到1965年年底这段时间，我亲聆恩师教诲，获益匪浅，许多往事，令人终生难以忘怀。

1954年春，我还没有毕业，就被借调出去做朝鲜人民访华团的翻译，这是我第一次出去工作，既兴奋又紧张。记得第一天是在青年宫举行欢迎朝鲜代表团的大会，会场黑压压地坐满了宾客，前边有季羡林主任和朝鲜专家们在座，我十分恐惧，怕在老师们的面前出丑，两腿直发抖。那天我也不知道自己是怎么走上台去翻译的，也不知道是怎么走下台来的，只记得散场后，我怀着忐忑不安的心情，走到老师们的面前，准备挨训。结果朝鲜老师却表扬了我。季先生对我说:“要大胆、沉着，不要慌张，这是个极好的实习机会，一定要抓紧时机，好好锻炼。”由于季先生的鼓励，后来我就逐渐不害怕了，坚持干了四个多月。

1955年春，我是系里留下的第一个研究生。1956年，我第一次正式发表的翻译作品《朝鲜新罗时期的经济体制》，也是季先生交给我的，足见老师十分重视培养晚辈，他是我翻译生涯的引路人。

1959年春我毕业后留校工作，翌年任命了一批年轻的教研室正副主任，许多同志都是德才兼备的骨干，只有我无论在政治上或业务上都非常幼稚无知，没想到也被选上了。当时是季先生面带微笑宣读的任命名单。从此我同季先生的接触就多了起来，经常能聆听先生教导。那时他身兼十八个社会职务，几乎天天忙得废寝忘食，常常看到他在系办公室里一边看书看材料，一边在啃火烧，喝着一杯清茶，就这样算是完成了吃饭任务。

1959年我为编纂《汉朝词典》去延边一年，在这期间回京交稿，季先生在百忙中听取了汇报，又亲自带我去同出版界联系。记得是在政协俱乐部，在座的有胡愈之、陈翰伯等十多位学术、出版界的老前辈，他们谈笑风生，古今中外，涉及甚广，我既幼稚，知识又贫乏，许多见闻我听起来像天方夜谭似的，也不理解他们谈话的意义，反而觉得在座的这些鸿儒名流，也真够大胆的，敢于给“大跃进”泼冷水。当时季先生可能因为是会议主持人，他没有侃侃而谈，但是看得出季先生和他们的看法是一致的，他不时很幽默诙谐地插一些话，言简意赅，一语破的，令人折服。后来我到商务印书馆去和老编辑同志具体讨论词典初稿时，他指出我们稿中的许多疏漏之处，犹如当头一棒，使我认识到我们词典的质量离出版水平相去甚远。临离京时，季先生语重心长地对我说：“编词典是一门科学，是很细致艰苦的工作，一定要保证质量，不能急于求成，不能老搞群众大会战，应该有高水平的人把关，踏踏实实地坐下来认真研讨、推敲。”多亏季先生和出版社把关，否则后果真不堪设想。时隔若干年后，人们都对“大跃进”有了正确的评价，我才进一步认识到当年季先生带我去参加的那次会议是多么有意义，在那“火红”的年代里，与会的许多长者忧国忧民，毫不考虑个人得失，敞开心扉，说出自己的肺腑之言，真是字字珠玑，句句金玉，极为难能可贵。他们那种不搞浮夸，不随波逐流的求实精神，对我的教育极其深刻。我能在场聆听季先生等老前辈的真知灼见，真是十分幸运，受用无穷。

遗憾的是我不仅工作没有做出成绩，而且还因故不宜留在学校，1965 年我调离北大。这一次又是季先生在全系大会上宣读的决定，我没敢抬头看他，只听见他沉重发颤的声音。后来听说季先生为我十分惋惜，眼里含着泪水说，只有调走这条路。我发誓永远不再踏进北大门，永远不再见季先生的面，免得惹他伤心。

我调到出版社，中途改行，内心感到十分痛楚。感谢人民出版社的组织和同志们对我的关怀，他们热情地教我做编辑工作，后欣逢改革开放，1983 年出版社首次评定职称，我被评为副编审，又积极培养我入了党，派我出国援外两年，使我夙愿得偿。这一切，也渗透着北大组织和季先生倾注的心血。1987 年我刚回国不久，正准备好好干一场，谁知却被空前的一刀切下，让我退休回家。我精神上实在承受不了，心态极度不平衡，特别不幸的是 1993 年我重病住院了，六十多个日日夜夜，不能读书看报，不能站立行走，天天吊瓶输氧，终日缠绵病榻，我心如死灰，濒于绝望，眼看是“山重水复疑无路”了，没想到却“柳暗花明又一村”，这又得首先归功于季先生。

1994 年暮春，我大病初愈，有韩国外宾约我们翻译一本书稿，邀请我们在北大聚会，听说季先生也要莅临指导，我是既想见他，又怕见他。二十九个年头我从未拜访，现在如何去面对师长，我又能对他说些什么呢？真是几多欢喜几多愁，无奈！我终于踏进了近在咫尺，却仿若天涯的北大校门。见到季先生，我上前鞠躬问好，季先生热情地同我握了握手，并询问我的健康情况。他的声音依旧是那样亲切、慈祥，我的泪水差点夺眶而出，赶快坐在远离先生的地方。后来要请先生为中译本写序，一方面，考虑到当时先生几天后就要出访泰国，日程排得很紧，我不忍打扰他，怕增加他的负担；另一方面，我也难于启齿，怎能劳烦先生大驾为我们的译作写序呢！最后由出版社庄浦明同志出面，请先生拨冗赐序。大大出乎意料，先生竟在百忙中挤出时间，在出国前夕，写了篇文辞优美，借古喻今，寓意深远的序言，使我们的中译本倍增光彩。特别是季先生肯为我们的译本写序，说明他已经完全宽恕我了，在老师的心目中，我还没有完全入另册，我如释重负，同时想到自己退休后还可以做点事情，觉得又有寄托了，从此一切都充满了生机。

中译本出来后，我们给先生送书去，他带我们参观了他的书房，不，应该说是书城，一排又一排的大书柜、大书架堆满了几间大屋，书都快挨到天花板了，前后左右看不到书的尽头，我有颈椎病，拼命抬头也看不到书的顶峰。除了大图书馆，我还未见过有这么多书的个人藏书室。先生就被包围在书的海洋里，坚持每天四五点起床工作。从与先生的谈话中，我得知他早在 1962 年就查出有冠心病，后来又患肺气肿、白内障等疾病，却从未被病魔吓倒。先生还鼓励我说，看不出我是个病号。先生学贯中西，早已名扬四海，现已是耄耋之年，完全可以安享天年，却还要孜孜不倦地著书立说，呕心沥血地培养后辈，这充分体现了他极其难能可贵的孺子牛精神。这使我真正明白了一个道理，一个人不管退休与否，不管具有何种头衔，都得靠精神活着，为世人留下点什么，不能为个人争气活着，那实在太渺小、太可悲了。在先生乐观奉献精神的感召下，我重新找到自己的人生坐标。

过去虽然我在先生门下学习工作了十五年，但是对先生的了解十分肤浅，倒是近几年来，通过同先生接触和拜读先生的大作，我才慢慢有所认识和感悟。先生许多学术著作，精湛深奥，我看不懂，不敢问津。但是我很喜欢读先生的散文，那完全是一种美的享受，让人爱不释手，宛如置身绿野，陶冶情操。先生写散文已有七十年的历史，字数多达数百万，脍炙人口。他的散文不像牡丹那样雍容华贵，也不像玫瑰那样芬芳馥郁，它像一束清雅的芝兰，阵阵发出幽香，沁人心脾，令人神往。

季先生的怀旧悼念文章，不是用笔墨写出，而是用血泪组成，读之催人泪下。言为心声，先生的禀性情怀，跃然纸上。我非常欣赏先生写的《怀念乔木》，文情并茂。尤其谈到他很愿意去敦煌，但对乔木同志让他一道去敦煌的邀请，却加以婉谢，主要原因是他不喜欢那种排场与官场作风，不愿去沾为官友人的光，也不愿到身居高位的朋友家走访。

徐悲鸿大师说：“人不可有傲气，人不可无傲骨。”先生发扬陶氏遗风，铮铮傲骨，令人敬佩，发人深省。“文化大革命”期间，季先生为维护真理，主持正义，不顾个人安危，勇敢地“跳”出来仗义执言，结果被关进了“牛棚”，受尽了折磨和凌辱。在这种情况下，像季先生这样，一边看守大门、传呼电话、收发信件和报刊，在没有人身自由的情况下，一边却偷译了蜚声世界文坛的印度史诗《罗摩衍那》，这确是十分罕见。当时先生头天晚上在家将梵文诗体译成白话散文，写在纸片上，装在衣兜里，次日早上在上班的路途中思索，利用当门房的间隙，再把散文译成押韵的、字数基本相同的诗句，这真是个伟大的创举。我们出版界有两位老同志看了季先生用血和泪写成的警世之作《牛棚杂忆》后对我说：“你们的季先生真了不起，人品难得，著译等身，特别是在那样恶劣的环境下，偷偷翻译《罗摩衍那》，实在难以想象，而且偷译的方法是绝妙的，真是了不起。”的确，若无惊人的毅力和魄力，无非凡的智慧和胆识，无坚实的功力和根底，像《罗摩衍那》这样一部长达两万颂的艰深巨著，是绝对翻译不出来的。

自 1994 年后，我每年去先生家两次（一次拜寿拍照，一次送相片），承蒙先生助手李先生精心安排，不管先生多忙，每次都能得以相见，不知是凑巧还是先生的著述太丰，我多次碰到有关出版社给他送新作来，书的墨香犹存，先生就当场题签赠书给我，老师的名篇佳作，成为我藏书中的瑰宝。

有位老同志，因仰慕先生文品，通过我去求先生手迹，先生欣然惠允，并十分谦虚地说："就怕写不好，请那位同志别嫌弃。"可见先生是何等虚怀若谷。我也很想要先生的墨宝，但几次欲言又止，先生实在是太忙，特别是因他的白内障刚做完手术不久，我实在不忍心，但又实在不甘心没有老师的墨宝，拖了两年，最后还是求老师为我写几个字。先生欣然许诺，而且两天后就电话通知我去取。先生所赐手迹是"'书山有路勤为径，学海无涯苦作舟。'明惠、德五勉之"。我如获至宝，永远牢记师训。

通过孟华同志《虽不能至，心向往之》的文章，得知季先生在为《书目》所作序言中，曾引用唐朝秦韬玉的两句诗："苦恨年年压金线，为他人作嫁衣裳"，并说："古往今来，每一个社会都需要这种'为人作嫁'的精神，这种精神实际上就是自己作出牺牲，去帮助别人。"谈得何等的好啊！先生充分肯定了编辑工作的重要，极大地鼓舞了我们这些当编辑的人。先生虽未作过专职编辑，然而却深知个中甘苦。他重视编辑工作，尊重编辑劳动，倡导编辑精神。那些歧视编辑行当，把我们贬为不学无术的编辑匠的人们，看看这位蜚声寰宇的学界泰斗季先生对待编辑工作的态度，又将作何感想呢？我不禁要高呼：“知我编辑者，季先生也！”

1996 年的一天，我突然接到李先生来的电话，说季先生知道我经常生病，工资又不高，怕我生活困难，特别在信封里装了些钱要给我，我感动得簌簌泪下，说不出话来。早在 20 世纪 50 年代，先生就常常在经济上帮助他的学生们。可是自己生活却十分节俭，布衣布鞋、粗茶淡饭，几十年如一日。曾有一位台胞先生写过一首诗，描绘季先生，戏谑地说：“池塘看老莲，午夜抱书眠，虚名满天下，袋中常无钱。”的确，先生的经济并不宽裕。我岂能剥削先生的血汗，便婉言谢绝了，但是，老师关怀弟子的一番心意，有如和煦的春风温暖了我的心田。老师可曾知道，正是您解除了我的精神枷锁，为我点破迷津，使我获得新生，您已经给了我无价之宝，弥足珍贵。

1999 年初春，韩国学者又让我们翻译一本书。季先生得知后，两次提醒我们要签订合同，此书许多地方涉及儒家经典，先生又问起我们在翻译过程中有无困难，进度如何。关怀之情，溢于言表。有先生作坚强后盾，有问题可以随时请教，我们的信心倍增。特别是先生在眼疾十分严重，一只眼的视力只有零点一，另一只眼几乎看不清的情况下，他戴着老花眼镜，手持放大镜，一笔一画地为我们的译作题写书名，开始写了几张他都不满意，直到自己觉得满意后才派人给我们送来，把我们感动得热泪盈眶。

1999年5月，我写了篇短文向季先生求教，我念他听。可能先生觉察出我对自己提前退休和评定职称等事有所不满，他没有直接开导我，而是现身说法，用个人的切身体验启发教育我。他同我谈到机遇问题，说他大学毕业后，回家乡教中学时的艰辛。别人教一年级就教一年级，教二年级就教二年级，每年备一种课就行了，而他教一到三年级各一个班，需要备三种课，这样当然不公平，后来他考上了清华派出国的研究生，才摆脱了困境。他又对我说道："你调离北大，改行当编辑，影响了业务发展，是很可惜，但多亏你调走了，否则其中的辛苦，你是承受不住的。我在'文化大革命'中翻译《罗摩衍那》是为了不白浪费生命，找个打发时间的办法，根本没想到能够出版。当时我准备被发配到新疆或青海去，了此残生。我是从三中全会后才开始大量写作的。过去年年搞政治运动，没时间看书写作，基本上是从七十岁开始，迄今十九年，大约写了五百多万字，现在仍然不断在写。你们才六十多岁，从人的一生来讲还是人生起跑线的开始，大有可为。"据说先生每天都要写数千字的文章，现在又在写《中国佛教史》。先生没对我讲大道理，而是寓教于言谈话语之间，亲切感人，效果极佳。从此，我的心态日渐平衡，努力去做一些力所能及的事。我念给先生听的那篇短文，约六千字，他听得非常认真仔细，其中我念错了一个字，他等我念完后，立即纠正。后来他怕我没记住，还特

1999年3月，季羡林先生应邀访问祖国宝岛台湾。在此期间，他与北大东方学系校友会台湾分会的校友合影。前排右一是包德明女士，五六十年前，她在北大读经济系，是赵迺抟教授的门生，是台湾广有今誉的铭传大学的创始人。中坐者是季羡林先生，先生的左手边是其助手李玉洁老师。（图片为李玉洁老师提供）

意请他的助手打电话给我，提醒我注意。我这么老的学生，又是做文字工作的，还念错字，真是万分惭愧，该挨板子。可老师却没有笑话我，仍是谆谆教导，诲人不倦，怕我继续念错，再次纠正。那天季先生还谈到1999年春赴台访问之事，他到胡适、傅斯年墓献花圈，台湾震动很大，他们原以为大陆人是不懂人情的。先生说胡适、傅斯年二位是北大老校长，梁实秋是老朋友，应该去扫墓。又谈到前些年他写文章为胡适说几句话，谈到胡适反对终极真理等等。真是听师一席话，胜读十年书。

先生桃李满天下，高足满堂，堪慰平生。我无所作为，辜负了先生厚望，深感愧疚，但有缘拜在先生门下，受益终身，也算三生有幸了。

1996 年 5 月庆祝季先生执教五十周年时，我曾写了副贺联，左联是“呕心沥血五十载”，右联是“栽培桃李万千人”，横批是“功德无量”。我于对联一窍不通，只是为了表

季羡林先生曾应邀访问祖国宝岛台湾，归来后，我们特意去拜谒季先生，聆听他对台湾宝岛的观感。季先生十分激动地告诉我们，令他印象最为深刻的是在台湾地区北大校友欢迎先生访台的宴会。新中国成立前北大经济系赵迺抟教授的门生，台湾铭传大学创办人包德明女士在席间的一番讲话令他最为感动。包女士说：“血浓于水。台湾和大陆的人都是炎黄子孙，为什么竟不能统一起来！台湾富，大陆强，合起来就是一个既富且强的大国，岿然立于世界民族之林中，谁也不敢小看，谁也不敢欺负。这是中华民族绝大的好事。为什么竟不能实现！”全体北大校友都热烈鼓掌，为之动容，欢愉的气氛中也掺和了几分凄凉的气息，我们大家想的都是四个大字——“祖国统一”。

示自己的一番敬意而已，所以才不揣冒昧，胆敢班门弄斧。今年八月六日是先生九秩华诞，先生淡泊名利，以仁为怀，待人宽厚，助人为乐，古有训：仁者寿，定可寿登期颐。

（原载乐黛云编：《季羡林与二十世纪中国学术》，

北京大学出版社2001年版）

# 敬贺羡林恩师九十华诞

育才建奇功，
造诣登巅峰。
恩师九十寿，
堪比不老松。

名校天下闻，
德具仁者风。
众口颂寿星，
弟子遍寰中。

# 《季羡林藏书票》赞

季老藏书票，
精美又奇妙。
漫游人生路，
展现师风貌。
陶冶读者情，
鞭策人赛跑。
珍贵艺术品，
老幼争相要。
有幸获佳作，
欢呼又雀跃。

2002 年 9 月 10 日

# 师恩重如山

## ——铭记羡林恩师的关怀

季羡林先生对老师、前辈、同学、朋友的回忆文章屡见诸报章杂志和书刊，例如他对恩师陈寅恪和瓦尔德·斯米特的怀念，对胡适、汤用彤、冯友兰、傅斯年、朱光潜、曹靖华、郑振铎、老舍、梁实秋、周培源、吴作人、胡乔木等师友的怀旧，这些学人不是他的老师，就是他的同辈学友，而尚少见他写自己与学生的师生情谊的文章。我 1951 年 3 月初进入北大东语系，季先生当时是系主任，我有幸成了他的学生。五十多年的悠悠岁月里，我得到季先生的深切关怀和悉心爱护，情不自禁地想谈一点个人的切身感受。

1951 年 2 月底，我离开重庆大学中文系，被保送进入北京大学，此后一段时间里父母相继亡故，小弟夭折，兄嫂一家靠变卖衣物和借贷度日，大弟出外自谋出路，我的家已不复存在，毫无经济来源，因此北大不仅是我寻师求学之地，而且也是我安身立命之所。我完全依靠北大调干学生供给制的待遇，每月五元钱，我用二元五角钱作为治疗关节炎的医药费，剩下二元五角钱交团费，购买牙膏、肥皂、卫生纸等日用品。1954 年春，我尚未毕业，就被借调出去接待朝鲜人民访华团，为期四个半月，走遍了全国许多省市，有幸见到了崇仰已久的刘少奇同志、周总理和朱老总等国家领导人。在北京市欢迎朝鲜访华团的大会上，我上台翻译时，像个木偶，两腿直发颤。散会后，季先生可能发现了我的窘态，对我说，要沉着，别慌张，这是次极好的锻炼机会，要抓紧时间，好好珍惜。送走了访华团之后，我累倒生病住院三月余，其中包括一个长长的暑假。当时我如果脱离原来的班级，就不能享受调干学生的待遇，我就只能失学，流落街头了。在这举目无亲、无依无靠的情况下，系主任季先生考虑到我身体不佳，冒着挨批的风险，决定让我免修一门政治课——联共（布）党史，减轻我的学习负担，专业课仍然跟班学习，所以我才得以和同班同学一道毕业，免遭失学和无家可归的厄运。几十年后我才听说在“红专大辩论”时，先生还为此受到批评。1955 年季先生交给我翻译了第一篇历史学的朝文作品，译文刊载在《历史研究》杂志上。可以说先生是我翻译生涯的引路人。

我毕业后，留校读研究生四年，后任助教，在这期间，系里继续让我陪同朝鲜专家和夫人参加各种有关外事活动。他们都不会讲中国话，逼着我用朝鲜语同他们讲话。当时每周都有几次活动，除了三八妇女节、五一、七一、国庆、元旦以外，还要参加社会主义国家的国庆活动，陪专家去游览名胜古迹，或到医院去看病拿药。甚至专家夫人喜得贵子，我还得去医院祝贺献花。虽然又忙又累，但对提高自己的朝语水平和巩固专业思想都大有裨益。

1959 年我研究生毕业后，被任命为教研室副主任。这样，和季先生的接触就更多了起来。当时，除北大的任务外，季先生在外面还兼任了十八个社会职务，忙得中午也回不了家，只得在办公室啃个干烧饼，喝杯清茶，就算完成了吃午饭的任务。同年 8 月大跃进期间，搞群众大会战，系里日夜编词典。为此，又与延边大学合作，我率高班同学去那儿实习，并同教研室几位老师一起在延大编了一年词典，中途回京，向季先生汇报编词典的工作。他在百忙之中带我去见出版界的老前辈胡愈之同志和商务印书馆总编陈翰伯同志，商讨词典出版事宜。一次在政协俱乐部中，除了商务印书馆有位女秘书同志负责安排具体事务以外，年纪最小的就是我了，自然幼稚无知，听他们谈古论今，恍若听天方夜谭一般，同时我也为这些学者名流的大胆捏了一把汗。在日后对大跃进有了正确评价以后，我才认识到季先生他们这次谈话的意义，使我对这些老前辈肃然起敬。座谈结束后，一起聚餐，我感到十分拘束，不敢吃菜。季先生不断给我夹菜，还对在座的先生说我们这位小同志刚从东北边疆回来，少数民族地区生活比较艰苦，让她多吃一些。后来再与商务印书馆的老编辑具体讨论我们的《汉朝词典》时，他指出了我们词典中的许多错误与不妥之处，认为这部词典离出版水平相去甚远。我十分汗颜，但也心悦诚服地接受了商务印书馆提出修改提高稿子质量后再交出版社的意见。我带着词典原稿重返延边。临行前，季先生语重心长地对我说，编词典是一门科学，需要有高水平的人把质量关，不能光搞群众大会战。这样，所谓的“大跃进的卫星”（编词典）才没有放上去，多亏季先生和出版社的同志把关，否则后果不堪设想。

当时我与孩子的父亲在同一教研室工作，他出国留学三年，我个人感情发生了变化。他在国外写了一本《十年情怀》，我却背叛了当初的誓约，留下了终生的愧疚。几十年来，虽然我生活得非常幸福，但总觉得是把自己的欢乐建筑在别人的痛苦基础上，成了一个负心人，特别是给孩子的童年烙下了厚重的阴影，终生难以弥补。为此，1965 年年底我调离北大。后来听说季先生感到非常惋惜，还含着泪说，只有调走这条路。我有负北大组织和季先生对我的教育和培养，发誓从此不再踏进北大校门，不再与季先生见面，免得惹他伤心。调到人民出版社后，编辑工作对我是新的工作，承蒙组织和同志们不弃，耐心培养我熟悉编辑工作的全过程。1994 年，已故韩国临时政府白凡金九主席的哲嗣金信先生（曾任韩国国会议员、交通部长、空军参谋长等职，在我国出生成长，曾先后来我国访问五十次）通过庄浦明先生找到我们商讨翻译出版《白凡逸志——金九自叙传》一书的事宜，相约在北京大学见面，并欢迎季先生莅临指导。我又是欢喜又是发愁，高兴的是将和阔别三十年之久的季先生见面，愁的是我有负先生的厚望，有何颜面再去拜见老师。现实无法逃避，我只好硬着头皮，迈进了近在咫尺，如隔天涯的北大校门。见到了季先生，我上前鞠躬问好。先生态度仍然是那样和蔼可亲，脸上堆满了慈祥的笑容，亲切地问我这些年身体可好，我说了声谢谢，赶紧坐在了远离季先生的位置上。当时正是先生要去泰国访问前夕，事务十分繁忙，但仍然高兴地同意拨冗赐序，还赶在出国前夕，写了一篇文辞优美、寓意深远的序言，为我们的《白凡逸志》中译本增添了光彩。此书出版后，我们给季先生送书去。他特意带我们参观了他个人的工作室和个人藏书室，陈列图书的书架上面摆放着中外图书，其中不少是孤本善本，浓浓的学术气氛，深深地感染了我们。在谈话过程中，先生可能感到我对“一刀切”下提前退休和评定职称有意见，便谈了他自己在清华毕业后回家乡中学执教的例子来教育我，启发我即便是身处逆境，也要持平常心态，并鼓励我说，“我这么大年岁，每天都在写，好像一天不写些东西，全身都难受，像白过了一样，我现在正在写《中国佛教史》，你还年轻，才60多岁，虽然退休了，可干的事情还很多，来日方长，正是人生起跑线的开始。”他还说我调离北大，中途改行，是很可惜，但“文化大革命”期间北大和我们教研室存在“左”的倾向的情况下，我要是留在北大，也是承受不了的。同时他还说，他在清华毕业以后回家乡当中学教师时，受到了不公正待遇，这正说明有个机遇问题。在先生的启发教育下，我重新端正了自己的人生坐标。

有一天，我接到他助手李玉洁老师的电话，说先生在信封里装了些钱，让我到她那里去取，还说先生说张明惠工资不高，身体又不好，给她补助一点。我感动得簌簌泪下。先生，您可曾知道，正是您的谆谆教诲，使我放下了包袱，获得了新生，我怎能再剥削您的血汗钱呢，所以我就婉谢了。

这里不禁想起了台湾知名人士范光麟先生在北大曾与季先生一起在季荷池边观莲时的一首诗。范先生戏谑地说：塘边看老莲，午夜抱书眠。虚名满天下，袋中常无钱。

记得有一次我到先生那里去送书，顺便带了个傻瓜相机。我们在室内照了些相，便到门口季荷池前，只见满塘荷花盛开，荷叶水珠晶莹剔透，荷池周围，垂柳依依，景色十分喜人。先生兴致很高，建议我们在荷塘边再照几张相。当时先生正好做完白内障手术，不能见强烈的阳光，他戴着墨镜，身穿无领的中式对襟短褂，还幽默地说："看我这身打扮，是不是活像个特务？"

又有一天，李玉洁老师打电话告诉我说，季先生的学生从无锡带来些水蜜桃，非常好，特意给我留了两个，叫我去取，季先生说再不给张明惠，大家都分光了。过去虽然也出差去过无锡，但从未见过水蜜桃，可能是季节关系吧。先生给我留的水蜜桃，大如碗口，色泽宛如玉雕，桃尖粉红色，两旁留有两支翠绿色的枝叶，显得生机盎然，观之令人垂涎欲滴。水蜜桃带回来后，我左看右看，越看越喜欢，这完全是玉雕的艺术品，我怎舍得吃它？可惜我真傻，没用相机把它拍下来，留作纪念。过了两天，水蜜桃的枝叶开始枯萎，已经放不住了，不得已只好和家人分而食之。水蜜桃不仅甜在嘴里，而且甜在心头。想到季先生的弟子们千里迢迢给老师送来的水蜜桃，表示对季先生的一番敬意，而季先生不愿一人独享，又把它分给我们这些学生，充分显示了他对弟子们的关怀，真可谓于细微处见真情。

我想起了几十年来季先生始终提供机会，培育和提携晚辈。早在20世纪50年代初期，他为了减轻他的一个学生三口之家的负担，长期资助这个学生，选拔他为干部，并派他出国留学深造。没想到这个学生在“文化大革命”初期，最先跳出来造先生的反，以怨报德。在这个学生死后，季先生仍不咎既往，继续支援他的遗孀和孩子。先生这种不计个人恩怨、宽容大度的风范真是难能可贵，令人十分感佩。

先生治学态度非常严谨，对学生要求很严。他培养的梵文弟子，人数虽不多，但质量是很高的，至今这些学界佼佼者，一直活跃在教学、研究的第一线。多年来我蹉跎岁月，虚度光阴，辜负了先生的厚望，但他仍然为我创造条件，多次向韩国学者推荐，把翻译任务交给我，说明我虽不才，先生还是信任我的。先生从不当面夸奖我们这些学生，我只是间接听说，季先生说我懂得尊师重教，很尊敬老师。他说他曾听李玉洁老师说过20世纪50年代初期搞肃反运动，朝语教研室有个教员被审查批判，天天挨斗，怕他发生意外，组织上派张明惠去天天守在他家，那么长一段时间，张明惠还是称他为先生，事隔五十多年后，这位老师无限感慨地说，肃反我挨批斗，只有张明惠还称呼我为先生。所以季先生总是背后夸我重师生之情。

2000年开始，季先生因病住解放军总医院看病治疗，多次住301医院南楼高干病房。2004年我不幸得了癌症，住进了301医院，季先生得知后说，张明惠一向体弱多病，

季先生刚动完白内障手术后不久，为了保护眼睛，便戴上墨镜，身穿无领的中式夏布褂子，在荷花盛开的季荷池畔留影，并以调侃的口吻对我们说：“瞧我这身打扮，是不是活像个特务？”

图为季先生和我们在初秋的季荷池畔合影。

怎么现在又得了这病，真是黄鼠狼专捡病鸭子捏，立即让助手李玉洁老师代他写了一封信，鼓励我要有信心战胜疾病，要随遇而安，抱乐观的态度。我在病房中看到这封信，更增强了自己与癌魔作斗争的信心和勇气，感到自己不是一个人在与疾病作斗争，而是有许多关心我的师长、同事、同学都在支撑着我战胜疾病，这是一股巨大的力量，使我能满怀信心，战胜癌魔。病情得到控制后，在离开 301 医院的前夕，我去南楼高干区病房探望了季先生。当时他已经在 301 医院住了很长时间，他常说他的编制在北大，却是 301 医院的常住户，戏称自己是 301 医院的编外人员。探望他时，我习惯坐在他的左边，先生说那边靠窗有风，你不能坐在这，要坐在右边。先生除了把他的新作签名送我以外，特意用宣纸给我写了“张明惠长命百岁，青春永驻”的题词，盖了当年他第一次领工资用过的名章，并且说，这枚名章很有纪念意义，当年我回国后第一次领工资，没有名章，是胡适校长派人到荣宝斋刻好送给我的，将来要交给纪念馆。这份题词大小 16 开纸，外加塑料压膜，弥足珍贵。

先生谈话很少引经据典，也不一本正经地空讲大道理，而是以个人的切身体验教育我们，亲切感人，发人深省。先生谈到 1999 年 3 月赴台湾访问时，到胡适、傅斯年先生墓前献花，台湾震动很大。他们原以为大陆人是不懂人情的，先生说胡、傅二位是北大老校长，梁实秋是老朋友，应该去扫墓。还谈到前年他写了《为胡适说几句话》的文章，还说和胡适先生相处的三年多时间里，从未见过他发过一次脾气，毫无架子，唯一一次见他生气，是沈崇事件发生后为学生游行被捕之事。他说胡适先生是实验主义者，反对“终极真理”，胡适认为没有终极真理，事物都是发展的，而任何“主义”都与“终极真理”相似，因此他反对所有的“主义”。

2006 年 8 月 6 日季先生九十五岁华诞。温家宝总理前往 301 医院祝贺，当晚先生写了一首诗：

年近期颐心常青，
自谓已成百事通。
何时归故凭天意，
我不惧来也不惊。

先生说这是我现在的心理状态，我活得长，看得多，向总理建议广开言路，人要自我心态和谐。从后来的政策中，体现出先生的建言精神。

前几年，先生要集一册印谱，已收集了一百多枚闲章，我遵嘱到荣宝斋给先生刻了“三〇一编外”和“四半老人”图章，先生曾风趣地说：“我半瘸、半拐、半聋、半瞎”，是个“四半”老人。2006 年 7 月 30 日我们去看望先生时，给他带去了这两枚闲章。当时先生高兴地在赠给我们的《季羡林论人生》一书上，除自己的私章外，还特地盖上了“三〇一编外”图章。后来鸿儿告诉301医院的院长说，季老专门刻了一枚“三〇一编外”的印章，而且盖在他的赠书上，说明季老对你们301医院的感情有多么深厚啊！

季先生虽然把自己看成是301医院的编外人员，实际上他和301医院的医护人员的关系亲密无间。每天早上，当明媚的阳光照射在季先生病房的窗户上时，白衣天使宛如一群小天鹅，翩翩飞到病房，频频微笑着向季老问安道：“首长好！”季先生满脸堆笑道：“同志们好，我不是首长，请不要这样叫，你们硬叫我首长，那也是假冒伪劣的。”下班时，白衣天使们脱掉了工作服。来到病房与季先生道别，这时就说：“爷爷，再见！”

每逢节假日，白衣天使们把自己家包的饺子、包子、粽子等食物送给季爷爷尝鲜，季先生笑着说“我是吃百家饭了”。先生不愿白吃人家的东西，事后总是千方百计地想法回报，如为护士们的孩子取名字，为她们上学的孩子签名赠书，看到她们有什么困难，就尽力帮助。季先生过生日时，医院的领导自己出钱为季先生加了几个高档佳肴，还特意做了生日蛋糕，先生总是高兴地和身边的医护人员、站岗的战士们一起分享。可是季先生总感到自己无功受禄，过意不去，老在考虑如何答谢医院领导的关心和照顾。有一次，解放军三总部来301医院慰问部队首长，同时也给季先生送去一份慰问品，季先生坚决不收，声明说“我不是部队首长，不应享受这种待遇”。这样送来推去三次，实在无法拒绝部队的真情厚意时，季先生便按照慰问品的价格，还增加了二百元，买了六百本自己的著作，送给部队。

每次到先生那儿去，都会具体地谈些问题，对我们教育启发很大，的确是听师一席话，胜读十年书。有一次先生谈到代沟问题，说到有些人不知道孝顺尊敬老人，父母养育了自己，要懂得感恩，知恩图报，是做人的基本原则。他对鸿儿说：“人分为好人和坏人，好人中又分为上、中、下三等，你妈属于好人中的上线。”当晚他的助手李玉洁老师打电话给我，说先生是怕晓鸿他们对你们不尊敬、不孝顺，特意讲给他们听的。先生对我们真是关怀备至，什么都考虑到了，令人感激涕零。

2008 年 6 月 26 日，我与德五、鸿儿、小敏一道去 301 医院看望季先生，先生又谈了许多问题：

1. 做人要假话全不讲，真话不全讲。记住，一个是“全不”，一个是“不全”。

2. 先生从给我免修联共（布）党史政治课，专业课照样跟班学习这个问题说起，谈当时这一决定冒了很大风险。后来批白专道路，批判说这种做法是“修正主义”。这是 1954 年的事情，迄今已有五十多年，先生尚记忆犹新，说明先生 90 多岁高龄，思维仍很清晰。

3．先生说我国的士是宽容的，包容面很广。而西方的士考虑的只限于个人具体的事，范围较窄。

4．先生谈到当年他去西湖月老祠（后来拆掉了），有副对联：愿天下有情人都成了眷属，是前生注定事莫错过姻缘。（我理解老师的良苦用心，是为我卸下感情上的包袱）

5．人之初，性本善，后来受社会环境的影响，才发生了变化。

6．谈到良知、良能问题，说天资、天赋固然重要，但后天的勤奋和努力是更重要的。

最后，先生为我题写本书的书名“岁月留痕”时，眼睛几乎看不清，是摸索着写的，共写了两张，字迹仍然十分潇洒遒劲。

我们谈到这次汶川大地震，先生捐款20万元，因为先生是靠稿费，不是大款，十分难能可贵。先生却说我一没有钱，二不爱钱，捐赠灾区，是我应尽的责任。

先生为别人慷慨解囊，自己生活却十分简朴。1951年我第一次见到先生时，他身穿一身蓝布中山装，脚蹬布鞋，完全不像留德十年的洋博士。过去六十年了，他仍然是这身打扮。难怪先生在北大校门口迎接新生入学时，有个学生误把先生当成校工了，让先生帮他照看行李，自己去办入学手续，先生一直看着行李，等那个学生办完手续来了以后，才转身离开。记得有一年他过生日，我给他买了件上海产的羊毛背心，他很喜欢，可舍不得穿，十几年过去了，仍然和新的一样。每次去看望先生之前，都要问他要什么，他说鲜花不要，水果不要，茶叶不要，大家送的太多了。我们给他做了几样家常菜送去，他吃得津津有味。他喜欢吃红烧肉，我怕他牙口不好，不易消化，让他每次吃两三块，他却吃了五块还要吃。他喜欢吃月盛斋的酱牛肉，可又怕麻烦助手去买，有一次我给先生带去了，他特别高兴，连声说道："太好了，太好了，我就好这一口。"

先生执教几十年，常说学生是我们培养的，学生有过错，我当老师的有责任，应该由我来承担，不要为难学生。每当学生们遇到什么难处，在紧要关头，危急时刻，先生总是挺身而出，竭力保护学生，古人韩愈的《师说》云："古之学者必有师。师者，所以传道、授业、解惑也"。随着时光的流逝，从季先生执教一生，对待学生的态度，培养、提携学生的感人事迹来看，似乎师者除了传道、授业、解惑以外，还应该加一条"爱徒"，用现代的话来说，就是"关爱学生"。君不见这次汶川大地震中，有多少优秀教师为了抢救自己的学生，舍生忘死，献出了自己宝贵的生命。季先生同样有这样崇高的情怀。半个多世纪以来，任凭风吹浪打，当他的学生处于危难时刻，他总是不顾个人安危，挺身而出，堪称为人师者的楷模。

先生住在北大朗润园，每天四点半就起身著书立说，笔耕不辍，是燕园清晨亮起的第一盏灯，海内外莘莘学子纷纷前来拜师求教，贤士云集高足满堂：

美斋亮灯第一盏

林中贤士拜师来

# 送师远行

## ——沉痛悼念恩师季羡林先生

老师！
为什么您走得这样匆匆忙忙，
为什么二十个日夜都等不及？
曾记得已约定给您拜寿，
您却驾鹤西归到了天堂！
生日礼物早已准备停当，
怎奈人间黄泉相隔渺茫！
千万遍呼唤总无回应，

悲痛欲绝兮哭断肝肠！

老师！
人去屋空向谁请教人生？
拜寿堂换成了追思灵堂，
祝寿词变成了祭吊挽联，
声已哑心已碎热泪千行，
五十八年亲承呵护关照，
迷途羔羊不再犹豫彷徨，
秉师训做好人战胜疾病，
有分热发分光珍惜夕阳。

老师！
我的译作、散文和诗歌，
学生作业难免稚嫩，
您却从不嫌弃热情赐序，
还不顾眼疾两次为我题写书名，
您患白内障手术后视力模糊不清，
有一回连续题写了六次才得以确定，
“岁月留痕”是您赐赠的最后墨宝，
视力近乎失明而字迹仍潇洒遒劲。

老师！
您不畏艰险，独辟蹊径，
在学术领域攀登新的高峰，
您留德十年，承名师指点，
掌握了印度古代语言，
您创造性地运用历史比较的方法，
攻克了印欧比较语言学的难点。
您在佛教原始语言的研究中有重大成就，
您却并不满足这些享誉寰宇的学术贡献。

老师！
您顺应时代发展的需要，
创建东方语言文学系，
披荆斩棘又扩大了研究领域，
在国学经典、中印文化交流的研究和翻译方面，
喜报频传，硕果累累，
您没有休闲时间，坚持笔耕不辍，
创作了三百五十万字的散文精品，
您为喜爱您的读者留下了宝贵的精神财富，
您为国家培养了学术精英，社会后继有人。

老师！

您辞去大师、泰斗、国宝的桂冠，
您众望所归，最终被定格为一代宗师，
您现在踏上了遥远的天国，
永远、永远地离开了人间，
您的学而不厌，诲人不倦的崇高精神，
您的学术业绩、为人师表的人格魅力，
将铭刻在历史的丰碑上，
万古长青！光辉永存！

# 编后记

历时四个月，这本小书终于完稿了。为了编写这本小书，我们再次阅读了季羡林恩师的一些重要著述，重温了先生对我们的谆谆教诲；在搜集整理和精选照片的过程中，多年来和先生接触的一些往事重新浮现在眼前，在明惠患了癌症住院需要进行手术，先生在病房中闻讯时叫助手写信劝慰明惠随遇而安，树立信心战胜病魔，使明惠克敌制胜的勇气倍增；在明惠请求先生题写《岁月留痕》的书名时，先生不顾视力衰退，仍然挥毫书写的动人情景，令我们感动得热泪盈眶，刻骨铭心；在我们和先生按惯例约定在 7 月 20 日给先生拜寿时，要将定稿后的《岁月留痕》中有关先生的一篇文章念给先生听，请先生审订，而先生却等不及这一天，于7月11日早上9时猝然驾鹤西归，令我们抱憾终生；一桩桩一件件往事又像过电影似地一幕幕在我们脑海里闪现。完全可以这样说，编写这本小书的过程中，我们仿佛在灵魂深处受到了一次洗礼，先生的人格魅力又一次引起了我们心灵上的震撼。现在这本小书即将付梓出版，此书如能对读者有所启迪，我们也就于愿足矣。当然，羡林恩师的一生是非凡的一生，光辉的一生，而我们的能力和水平有限，确实难以用枯涩的文笔描述出先生的风范和贡献。我们也不敢奢求，只是想从一个侧面谈谈我们的亲身感受，不足之处，尚祈读者不吝批评指正，以便今后予以修正。

最后，我们衷心感谢各位学友和同志们给我们的支持和帮助，特别是著名编辑出版家吴道弘先生在百忙中为我们悉心审订书稿，在此由衷地表示感谢！人民东方出版传媒有限公司王德树总经理及其同仁为出版此书竭尽心力，付出了辛勤的劳动，特致以深切的谢意！借此机会，我们还向为出版此书修订版的东方出版社的有关领导和同志们致以衷心的谢忱！

宣德五　张明惠

2014年3月于万泉斋

2017年3月修订

**图书在版编目（CIP）数据**

季老在爱中永生：羡林师言传身教实录 / 宣德五　张明惠 著 . —
北京：东方出版社，2018.3
ISBN 978－7－5207－0258－4

I. ①季…　II. ①宣…②张…　III. ①季羡林（1911—2009）－纪念文集
IV. ① K825.4－53

中国版本图书馆 CIP 数据核字（2018）第 042148 号

**季老在爱中永生**
（JILAO ZAI AI ZHONG YONGSHENG）
——羡林师言传身教实录

---

**作　　者：**宣德五　张明惠
**责任编辑：**曹　歌　余　雪
**装帧设计：**王春峥
**出　　版：**东方出版社
**发　　行：**人民东方出版传媒有限公司
**地　　址：**北京市东城区东四十条 113 号
**邮政编码：**100007
**印　　刷：**北京汇林印务有限公司
**版　　次：**2018 年 3 月第 1 版
**印　　次：**2018 年 3 月北京第 1 次印刷
**开　　本：**710 毫米 ×1000 毫米 1/16
**印　　张：**10
**插　　页：**5
**字　　数：**92 千字
**书　　号：**ISBN 978–7–5207–0258–4
**定　　价：**42.00 元
**发行电话：**（010）85924663　85924644　85924641

---